口述非遗

第三卷

（苏州文史资料第六十四辑）

苏州市政协文史委员会　编

古吴轩出版社

中国·苏州

编委会

主　任

高雪坤　曹新平

副主任

周向群　徐　明　张跃进　姚东明　赵鹤鸣　蒋来清

王跃山　谢　鸣　张　昕

编　委

钱祖源　徐俊明　吴建生　赵良骏　崔可嘉　叶正亭

王东军　吴晨潮　邬才生　钱振明

主　编

叶正亭

副主编

王东军

编　辑

夏　冰

目录

（按口述者姓氏拼音排序）

丁扣女

女，1944年生。自1961年开始，先后在苏州工艺美术研究所、苏州刺绣研究所、苏州缂丝厂工作。担任缂丝车间主任、缂丝厂质检科总监、苏州技师学院创意服务系缂丝专业指导教师、苏州技师学院苏州传统工艺技术传承缂丝专业企业教学咨询官等。

金线木机话缂丝

口述者：丁扣女
访录整理：姜晋
采访时间：2016 年 8 月 1 日
采访地点：三元二村丁家

问：丁老师，您是苏州缂丝界的老前辈，请您谈一谈从事缂丝的大致经历。

答：我记得在 1961 年，我从苏州第一中学毕业。当时面临工作分配，学校为我们这批毕业生提供了苏州本市的手工业、工艺和服务类中的几大行业的工作岗位，任大家选择。当时我经比较后觉得，苏州传统工艺行当技术性强，可能将来也有一定的发展前途，于是便报名选择了工艺行业。后来，经学校分配，我进了苏州刺绣研究所的前身——苏州工艺美术研究所，学习传统缂丝技术。

问：听说你和王金山大师一样，都是苏州缂丝老艺人沈金水
的学生。

答：我当时进了苏州工艺美术研究所后，师从苏州缂丝老前
辈沈金水学习缂丝技术。沈金水缂丝技术高超，手上的
织品活十分细腻、挺括。缂制过包括皇袍、女蟒、马甲、
马褂等在内的宫廷用品、台毯、和服腰带以及册页、屏
条等几种艺术欣赏品。沈金水的徒弟不少，包括如今的
中国工艺美术大师王金山等人。缂丝是一门需要下苦功
夫、反复磨炼、"慢工出细活"的技术。在沈金水的教授
下，我当时十分认真地学习和揣摩其中每一道工序的技
法特点和要领，包括缂丝技艺中的结、掼、勾、戗和子
母经、盘梭、押样梭等，日臻一日，逐渐娴熟于心，运
用自如。我随沈金水学艺多年，不但学到了老一辈缂丝
大师精湛的技艺，也学到了他认真严谨的工作态度和对
这门手艺精益求精的工作作风。

问：听说后来你从苏州刺绣研究所和王金山一起去了苏州缂
丝厂，这是怎么回事？

答：1979 年，正逢上山下乡的知识青年大量返城。为了接
纳新返城的知青，苏州市政府部门决定增加一些新的企
业，苏州缂丝厂由此应运而生。当时我被刺绣研究所领
导分配去筹办苏州缂丝厂。苏州缂丝厂筹建起来后，王
金山任厂长，我先后担任缂丝车间副主任、主任。进行
生产时，我还是技术指导，负责学徒的培训工作。新建
成的苏州缂丝厂，其产品主要是生产和服腰带和一些袈
裟，还有少部分的屏风类的缂丝工艺品。当时苏州的丝绸
产业中所包含的刺绣、缂丝和绣品等，大部分都是销往
日本的，也有一些做成工艺屏风之类，大都放在高档的
宾馆和饭店中的工艺品展厅销售。因为缂丝产品属于一
种高消费的工艺品，日本人一直十分喜爱中国的刺绣和

金地缂丝《蝴蝶山茶图》

缂丝产品，加上中国当时生产此方面的劳动成本低，作为缂丝产地的苏州手工也比较细致，所以类似和服腰带和袈裟一类的缂丝产品大受日本人的欢迎，每年都需要大量的缂丝产品销往日本各地。我自从 1979 年与王金山等一起筹办苏州缂丝厂以后，一直工作到 1996 年退休。其中在 1988 年，我还负责过该厂的新品开发，担任了该厂新品开发组组长。1991 年，还担任了该厂质检科的质量总监等工作。

问：缂丝行业经历了怎样的发展？

缂丝《芝兰献寿图》

答：苏州缂丝业的发展并非一帆风顺，时起时落，最近几十年更是出现了大起大落。20世纪80年代是苏州缂丝业的黄金时期。那时候，日本商家以较高的价格，向我国订购大批和服腰带和贵袈衣（日本和尚高档礼服性袈裟）、唐卡（用彩缎装裱后悬挂供奉的宗教卷轴画）。而这些产品都离不开缂丝，因此，苏州一带缂丝厂家和作坊像雨后春笋一样纷纷冒出来，其中仅当时的苏州市区和吴县，就先后建立了苏州缂丝厂、吴县东山缂丝厂、蠡口缂丝厂、黄桥缂丝厂、陆墓缂丝厂等五大龙头厂，再加上遍布乡村的作坊，苏州缂丝从业人员一度达到数万人，缂机上万台，织造水平也得到了进一步提升，许多作品摘下中国工艺美术品百花奖金杯奖、中国国际民间艺术博览会金奖等大奖，在省、市级比赛中摘金夺银的更是难以计数。然而，进入 20 世纪 90 年代，金融危机让日本等主销区的缂丝产品需求量猛然下降，苏州和兄弟城市的缂丝业务遭遇"滑铁卢"，大量产品只能堆在仓库里，大部分缂丝企业陷入亏损，只能停产、转行，从业人员也大量流失。如今苏州只剩六七个缂丝工厂（作坊、工作室），从业人员加起来也只有 100 多人。我所在的苏州缂丝厂在 1993 年与苏州刺绣厂合并了。

问：据笔者了解，缂丝工艺与刺绣艺术同样属于一种十分有艺术特点的传统手艺。正是由于其技术复杂多样，所以要掌握好这一技能确实非一日之功，要出精品佳作就更不容易，您能简单介绍一下苏州传统缂丝的特点吗？

答：缂丝，又名刻丝，是一种古老独特的汉族传统织造工艺，主要存在于江苏苏州及其周边地区。苏州缂丝自南宋以来，盛名全国，成为主要产地。明清时代，苏州缂丝仍昌盛不衰。缂丝素以制作精良、浑朴高雅、艳中且秀的特点，在丝织品中列为最高品第，并且是最早用作制造艺术欣赏品的丝织物。宋元以来一直是皇家御用织物之一，常用以织造帝后服饰、御真（御容像）和摹缂名人书画。因织造过程极其细致，摹缂常胜于原作，而存世精品又极为稀少，是当今织绣收藏、拍卖的亮点。常有"一寸缂丝一寸金"和"织中之圣"的盛名。苏州缂丝画与杭州丝织画、永春纸织画、四川竹帘画并称为中国的"四大家织"。2006 年 5 月，苏州缂丝织造技艺入选第一批国家级非物质文化遗产名录。2009 年 9 月，缂丝又作为中国蚕桑丝织技艺入选世界非物质文化遗产。

金地缂丝《蝴蝶牡丹图》

     缂丝织造这门技艺，主要是使用古老的木机及若干竹制的梭子和拨子，经过"通经断纬"，将五彩的蚕丝线缂织成一幅色彩丰富、色阶齐备的织物。这种织物具有图案花纹不分正反面的特色。在图案轮廓、色阶变换等处，织物表面像用小刀划刻过一样，呈现出小空或断痕，因此得名"缂（刻）丝"。由于织造一幅缂丝作品往往需要运用不同的技法，需变换数千次梭子，故使作品显得特别贵重。

问：据说过去曾有多家媒体相继报道过您曾参与的一些缂丝行业的重大活动，还有自己制作、与别人共同制作过的一些缂丝名作。您能否也在此介绍一下？

答：是的，曾有一些这方面的报道。记得在 1972 年，美国前总统尼克松来中国访问时，周恩来总理曾将一件苏州缂品作品《金地牡丹》屏风作为国礼赠送给尼克松。这件缂丝屏风上共有六幅牡丹花卉图案，组成了一堂屏风，其中就有一幅是我缂制的。苏州缂丝作品作为国礼赠送外国总统，这对苏州缂丝工艺来说，也是一件极为难得的盛事、大事，同时，也是苏州缂丝走出国门的一次精彩亮相。当时我自己从事缂丝工作已有十多年，看到自己亲手缂制的作品能够作为国礼走出国门，心中是十分自豪和振奋的。

记得分别在 1966 年和 1993 年，我们几位老艺师曾合作缂制了巨幅金地墨迹作品毛泽东诗词《长征》和《西江月·井冈山》。特别是在 1966 年，由王金山和几位同事承制的那件毛泽东手稿缂丝《长征》，因当时还是首次将伟人的草书书法手迹缂制出来，这比过去曾缂制过的楷体文字要复杂许多，毛泽东的手写体枯笔有力、气韵生动，笔锋断断续续，似连非连，只有把那气势磅礴的形象惟妙惟肖地刻画出来，才算得上是上乘的作品。这幅大型作品，长 6 米，宽 1.7 米，在庞大的经面上往返穿梭既费力，又十分不便，需要制作者有足够的专注度、耐心和毅力。另外，这里所说的金地墨迹，是指用金色的和黑色的两种丝线，一是用金线铺底，一是用黑线缂制其书法，金灿辉煌的缂丝画面，衬托出领袖浓墨的诗词草书手迹，将苍劲雄健的笔力和一泻千里的笔势真实地再现出来。此幅大型缂丝的完成，也开创了自古以来草体缂丝的先河。后来，这两幅巨幅金地墨迹缂丝佳作分别陈设于北京人民大会堂和毛主席纪念堂。这也是苏州传统缂丝历

缂丝屏条之一

丁扣女

缂丝《八仙祝寿图》　　　　　缂丝屏条局部

史上从未有过的巨幅书法精品，显示出传统工艺的艺术魅力。

1982年，我设计制作了一款《孩童游戏图》缂丝花腰带，获得了江苏省工艺美术百花奖银奖。这款《孩童游戏图》缂丝花腰带作品，刊登在1983年4月的《江苏工艺美术》杂志上，受到了工艺界同行们的关注。

2004年10月，受北京首都博物馆邀请，我和王金山及另外几位同事去修复馆藏的一件清乾隆时期的缂金十二章龙袍。这件珍贵的缂金龙袍破损部位达 400 多处，龙袍质地大多开裂，有断经缺纬的，有存在竖缝的，修复难度很大。修复中，我们采用的缂制技法除了运用结、掼、勾之外，还尝试了新的技法。比如说，对于龙袍的竖缝，运用对搭梭来破竖缝口，修复了 100 多处大小的竖缝问题，恢复了龙袍平整挺括的感觉。其他还根据不同部位、不同破损程度，采用了不同的修补方法，大大增强了原作的完整性和牢固度，提高了龙袍的展览价值和收藏价值。

问：听说，退休后至今，您一直没有中断缂丝技艺的传承。

答：苏州缂丝是一项古老的工艺，有着她独特的艺术魅力。我这一辈子从事这项工艺，深知她历经千秋万载的风雨岁月，能延续至今仍不减光彩实属不易。苏州缂丝走到今天更需要有下一代接力向前。由于难以割舍苏州缂丝这份情结，我 1996 年退休后，仍然继续做着有关传承缂丝工艺的事儿。与我同样还在继续工作的缂丝老艺人还有王嘉良、谈水娥、马惠娟、李荣根、房国平等。

2010 年，我接受中国工艺美术大师王金山邀请，受聘于苏州技师学院担任咨询官，同时任该院创意服务系缂丝专业的指导老师。在苏州技师学院担任指导老师以来，共带过 7 届学生，包括 2009 届。我的专业指导，主要是教授学生一些缂丝的基本技艺。同时，教他们学习制作一些缂丝小品。其实，苏州缂丝技艺作为非物质文化遗产，凝结了诸多艺术元素，与苏绣、宋锦等艺术互为营养，展示着内蕴深厚的吴地文化。缂丝本是北方工艺，苏州不是缂丝的发源地，但苏州却是缂丝成熟、丰富、发展的地方。我在教授学生如何传承缂丝的同时，一直提醒学生们要重视苏州缂丝演变和发展的历程，把真正的苏州缂丝传统技艺准确地掌握到自己的手中，在日复一日的学习中不断磨炼和加以完善。

丁扣女

为使缂丝这项传统技艺不失传，我今年虽已七十多岁了，在家还是闲不下手来，基本上每天都会在木机旁继续缂制一些屏风之类的艺术品。我女儿丁勤，也曾在过去的苏州缂丝厂工作过，有一定的缂丝基础。现在我在家中缂制一些作品，有一部分让她参与，同时也培养她创制一些艺术屏风之类的缂丝作品。女儿也持有一份割不断的情结。作为母亲，也很希望她能传承好这项技艺。最近一个时期，我在家缂制一堂四扇《金地博古图》大屏风，和一些诸如《金地牡丹蝴蝶》、《八仙拱寿》之类的台屏。这幅一堂四扇《金地博古图》大屏风，我起码要缂制两年，现已缂制出两扇，还剩两扇正在精工细作。我总认为，现在传承缂丝，一定要有精品意识，要将自己这么多年来所掌握的缂丝技艺好好地归纳总结出来，运用于自己创制的新品中，同时，也不忘在培养新人的工作中不断弘扬这一精品意识。只有这样，我们苏州缂丝才有可能不断传承和发展。

戈春男

男，1956年生，苏州人。吴中区木渎金山高级中学数学教师，苏州碑刻、碑拓技艺吴中区代表性传承人。

我从事碑刻技艺传承的经历

口述者：戈春男
访录整理：李昉
访谈时间：2016 年 7 月 4 日
访谈地点：吴中区木渎天平山麓弘戈堂碑刻艺术工作室

问：戈老师您好，您的名字怎么有两种写法？
答：我的本名叫戈春男，是父母起的。后来我自己取了个笔
　　名叫"春暖"，取"春暖花开"的寓意。

问：您出生于何时何地？
答：我出生于 1956 年农历九月初九，出生地是当时的吴县金
　　山乡和平村西安自然村第 12 生产队。

问：您的祖上以及父母的基本情况？

刻碑

答：我祖上世代都是开山的，我们金山乡地区大多数农民都
　　做这项营生，开山的和石匠又不一样，开山是取毛料，
　　而石匠是加工毛料的。我的父亲叫戈仁珍，在金山石厂
　　开山，一共弟兄四个，他排行最小。我的母亲叫陈云金，
　　我五岁的时候，她就病故了。

问：您有几个兄弟姐妹？
答：我有三个弟弟，一个妹妹。大弟叫戈春伟，二弟叫戈继
　　伟，三弟叫戈宏伟，妹妹叫戈红英。现在戈宏伟在我的
　　碑刻艺术工作室做雕刻，是最好的一把刀。

问：您自己现在的家庭状况是怎样的？
答：我的爱人叫张惠珍，是木渎第五小学的语文老师，今年

戈春男

5 月份已经退休了。儿子叫张弘，随母亲姓，出生于
1982 年，大学毕业后在台资企业工作了 3 年，是一名电
气工程师。2009 年金融危机时，从公司离职，跟随我从
事碑刻工作。他在转行时，我引用孟子的名言送给他八
个字"苦其心志，劳其筋骨"，希望他在碑刻行业任劳
任怨、踏实工作。目前，我已有了一个孙子和一个孙女，
孙子刚读一年级。

问：您的就学经历是怎样的？

答：我念小学是在金山乡中心小学，就是现在木渎影视城的
地方。初中是在金山和平中学，就在小学的隔壁。高中
在木渎中学，1977 年考取了江苏师范学院（现苏州大学）
的大专班，在数学系念数学专业。

问：您的工作经历是怎样的？

答：1978 年大专毕业后，我随即被分配到母校和平中学执教，
教数学。1991 年办理了留职停薪，成立了戈氏艺术碑刻工
作室，从事我热爱的碑刻工作。2012 年成立吴中区弘戈堂
碑刻艺术工作室，实际是两块牌子一套班子。直至 2015 年
10 月 8 日，我回到木渎金山高级中学执教，并将于今年 9 月
9 日正式退休，一共从事碑刻行业整整 25 年。

问：您刚才讲到，您从 1991 年留职停薪后就从事碑刻工作，
您是如何接触并喜欢上这门工艺的？

答：我从小就酷爱书法，自己买了字帖临写。我天性文气，读
大专时，宿舍中的同学都爱打篮球，而我天天练书法，
临摹赵孟頫的碑帖。那时经常到观前街买毛边纸回来练
字。那时候的毛边纸是印刷厂印报纸时裁下来的边角料，
论斤卖。毛边纸买回来后就每天写书法，从未间断。正
因为那时候打下的书法基础，我至今还经常自己写碑文

自己雕刻。当然，后来正式接触碑刻，在为众多古今书法名家作品刻碑的过程中，我深切体会到他们的书法用笔，从而也融会贯通了很多书法技艺，深有感悟并广受启发。正是扎实的书法功底，我在当地小有名气，参加工作后，家里的经济条件仍然很差，为了贴补家用，我就到天平公墓找了份兼职工作，就是为公墓写墓碑。每写一块墓碑，不论字有多少，都由公墓管理处给我两块钱的工钱。一开始我只会写墓碑，不会刻，直到一次意外的事件让我接触了刻碑。那是1984年，有一位上海客人买了天平山公墓的一块墓地，那天他捧着亲人的骨灰盒来公墓落葬时，没想到公墓的一位负责人事先忘记交代相关人员制作墓碑。没有墓碑，就无法举行落葬仪式，而按照江南的风俗，骨灰一旦离家准备安葬，是不可以再拿回家的，为此，上海客人和公墓负责人双方发生了争执。公墓的工作人员为了解决这一纠纷，赶紧到我家来请我去写碑文。那天我正好休息在家，连忙赶到墓地很快写好碑文，但是仅有的一名刻碑的师傅正巧去外地出差未归，无人凿刻碑文。上海客人为此和公墓负责人产生了严重的冲突。我看双方即将动手打架，为了平息事态，我也未加考虑，就自告奋勇来完成刻碑的任务。我到工具间取了刻碑的榔头和凿子，根据自己写的碑文凿刻起来。在此之前，我在家曾经帮助父亲一起凿刻过小的石磨子赚外快，就是磨黄豆之类的石磨，所以对于如何使用榔头和凿子具有一定的经验，很是得心应手。从早上8点左右，一直到午饭时间，我刻好了一块用隶书写的墓碑。上海客人看后，居然十分满意，并啧啧称赞说"老嗲咯"！就这样，落葬仪式得以顺利进行，双方也握手言和，我内心也充满了成就感和喜悦感。首次刻碑后，我很有信心，并且暗暗核算，以前写一块碑文，只赚2块钱，现在连写带刻，我总共可以赚7块钱，这对于家境贫寒的我而言，正是迫切需要的。于是我靠着平时工作的早晚业余时间和寒暑假，充分利用时间来承接刻碑业务，最多的时候，我个人承包了天平公墓、苏州公墓、天灵公墓、凤凰公墓、上海嘉定松鹤公墓 5 家单位的写刻碑业务。实际上我一开始是从刻墓碑入手的。

问：那么您在工作的同时，靠业余时间来刻墓碑，两者是否会有影响？

答：刻碑不仅对我的工作和前途产生影响，后来甚至对我的人生也具有决定性影响。20 世纪 80 年代末，金山石料厂承接了南京军区的一项业务，就是给已经逝世的许世友将军制作陵墓和墓碑。墓碑的正面和背面分别是由著名书画家范曾书写的墓主名和墓志铭。金山石料厂鉴于陵墓的规格之高，不敢怠慢，就让厂里最好的两位刻碑高手周师傅和杨师傅来凿刻。周、杨两位师傅都年逾六旬，有数十年的刻碑经验，但是面对数百字的墓志铭文字，他们还没有掌握将字迹印在石碑上的技术。于是，周师傅就来向我求助，我很快就将整篇墓志铭文字用双勾的手法印上石碑。但是他们凿刻了二三十个字后又来找我帮忙，原因是他们不识字，在凿刻双勾字时，不知道笔画的去留，只能要求我将双勾的字再用墨填成实心字。我下班后赶到石料厂，了解情况后，认为与其费时间来填双勾字，还不如我亲自来刻。之前他们并不了解我刻过墓碑，就去请示厂长倪杏根，倪厂长就带着怀疑的态度让我试一试。不料我试刻了几个繁体字后，厂长和周、杨两师傅连连惊呼"没想到刻得这么好"！他们在了解我已经刻了几年墓碑后，当下就决定将这块墓碑交由我凿刻。于是我利用中午饭后时间和业余时间，抽空就到石料厂的大礼堂进行凿刻。可是没几天，就有人向我所在的学校举报我赚外快。校长立刻找我谈话，我解释说，我所教的班级成绩在学校都是名列前茅，而我在我们学校的教师队伍中是条件最艰苦的，只有我至今还穿着满身补丁的衣服。校长让我回去好好反省一下，但是我家里实在太苦，只能靠在外面刻碑贴补家用。本来我们学校连我一共有三个青年教师是培养对象，一起上党课培养入党，但是我被举报以后，说我业余时间在搞资本主义，之前只上了一次党课，后来就不准许我参加了，所以至今我都没有入党，不是我思想不求上进、工作不认真，实在是家里太贫苦，家中兄弟姐妹又多，只能靠我赚些外快方能维持。我那时每顿饭的配菜只有 18 粒黄豆，一点油都没有的，只加少许盐带点咸头，而其他教师吃的是咸肉黄豆，食堂一位周师母实在可怜我，背着别人偷偷在我的黄豆中加点公用荤油，我至今依然感恩在心。后来许世友将军墓碑上的字，百分之八十都是我刻的，完成以后，许将军的夫人田普女士和南京军区的相关负责人一同来石料厂验收，看后非常满意，高兴之余还送了一只充气打火机给厂长倪杏根，当时这只价值 80 元的打火机是稀罕物件，十分珍贵。

问：那么您是如何从刻墓碑继而转向从事艺术碑刻的？

答：那也是一次机缘。1989 年，吴县文物保护单位要制作一批文保标志碑，一位做石头生意的老板承接了这个项目，他就将刻碑的任务交给我，其中有甪直的陆龟蒙墓、西山禹王庙、宝带桥等碑刻 30 余块。我全部靠业余时间，历时半年就完成了。由于完成得又快又好，名气就传出去了，后来找我刻碑的园林、学校就越来越多，这也就是我从刻墓碑向艺术碑刻的转折点。

问：外界都知道您是苏州碑刻博物馆刻碑名家时忠德先生的弟子，您是什么时候拜时先生为师的？

戈春男

答：20 世纪 90 年代初，一位做石料的老板承接了苏州碑刻博物馆的一个项目，是为寒山寺刻一块弘法堂的纪念碑，内容是中日文对照的，上部是日文，下部是苏州书法家谭以文书写的，有四尺高。碑刻博物馆通过熟人就找我去刻这块碑，当时就先认识了时忠德老师。我先刻日文的部分，文字是电脑打印出来的老宋体字，每个字 2 厘米见方。因我有书法和美术功底，不需要做双勾，直接用蓝印纸将字印上石碑，就开始凿刻。时老师看后，觉得我基础很好，当时就收我作弟子了。后来碑刻博物馆的碑刻大多交由我制作，在时老师的指导下，我的技术大有长进。所以任何艺术领域，如果有名家指点，一定会更有收获。现在时老师是省级非物质文化遗产传承人，而我是区级非遗传承人。

问：那么您师承的碑刻技艺是哪一路体系的？
答：我们是属于南派碑刻，祖师是吴昌硕，他的弟子周梅谷就是苏州的碑刻名家，周梅谷再传钱荣初，时忠德老师就是钱荣初的弟子。

问：南派碑刻的主要特点是什么？
答：南派碑刻主要以苏州闻名，苏州的刻工精致细腻，主要用材是青石，主要成分是碳酸钙，而这类石材正是出于苏州城外的西郊地区。苏州青石的优点是没有性格，在凿刻过程中各种刀锋的走势都具有稳定的刀感，这直接影响表现效果。

问：您的碑刻艺术生涯中，最难忘的碑刻经历是哪一次？
答：那肯定是寒山寺的巨型诗碑。这件巨型碑是 2004 年由寒山寺前任住持性空长老和现任住持秋爽大和尚策划酝酿的。当时寒山寺一共找了全国 5 家石雕厂来筛选，最终从

日本书道协会北海道北鸥碑林

成本、质量、技术、地域、安全等诸多因素考虑，鉴于我长期与寒山寺的合作以及我为人的踏实沉稳，敲定由我来承接这项艰巨的任务。一开始，我和寒山寺相关负责人一同赶赴山东地区选购石材，从专业角度审视，只有兖州嘉祥县的石材最大且最宜制作大型石碑。前后选看了3个宕口，历时8个月，最终于2005年1月5日将

寒山寺诗碑

石材运抵寒山寺。石碑碑身毛料重 240 多吨，碑帽重 90 多吨，碑座重 120 多吨，共计 450 余吨。碑身长 12 米，宽 6 米，厚 1.5 米，历时 22 天运抵苏州。在正式凿刻之前，我按照比例设计制作了一块五尺碑作为小样，并树立在寒山寺景区向外界公示半年，最终没有得到反对意见。2006 年底和 2007 年初，大碑正式在预定位置树立起来，并由我按照样碑正式凿刻。该碑碑帽、碑身、碑座共镂刻 28 条龙，碑南面镌刻乾隆御笔《心经》，碑北面镌刻俞樾书写的《枫桥夜泊》诗。全碑历时一年凿刻完成，于 2008 年 12 月 30 日举行竣工典礼，后来该碑成功申报吉尼斯世界纪录。为了这块巨型诗碑的成功制作，所耗费的时间和心血，所获得的成功和赞誉，都令我终生难忘。

问：您是否计算过从业二十余年总共刻制了多少石碑？还有哪些得意之作值得介绍？

答：我初步估算，自己刻制连同我的工作室承制的石碑大大小小应该有上万块了，每年所凿刻的石碑在三四百块左右。自己比较成功的作品有日本北海道"北鸥碑林"的一百多块碑刻，当时一共装了 30 个集装箱运往日本，碑刻内容的 80% 是由日本书法家书写的中国唐诗宋词，大的 4 米高，重达十几吨。另外还有台湾《法华经》碑和悟明长老汉白玉灵塔碑、三峡白帝城祝允明书《前后出师表》巨碑、镇江"米芾书法公园"580 米碑廊、吴江"笠泽文体广场"400 多米历代名人书法碑廊、南京《栖霞山赋》碑等。

问：您目前的传承情况是怎样的？

答：我 1991 年成立戈氏艺术碑刻工作室以来，我的三个弟弟都在我工作室刻碑，现在儿子张弘也于 2009 年加入刻碑队伍。我之前教过的 4 个学生也都在我的工作室做刻碑营生，本来都是金山雕刻厂的工人，现在年纪都在 50 岁左右。同时，我也在平江实验学校、吴江博物馆、青海西宁第二十一中学等单位做了些传承工作，教授拓碑技术或者免费提供一些碑刻作品。

问：您认为碑刻技艺应当如何推广和继承？

答：首先是政府要对这门传统工艺引起重视，在大力宣传和推广的同时，要给予政策上的相关支持，使得传承者不但能继承和发扬这门技艺，更能在生产性的活态保护上发挥作用，同时提供稳定的推广和传习场所。我一直梦想着成立一家多维度、动态型、生产性、开放型的碑刻艺术展示馆，其中不单介绍碑刻的历史和文化，更要陈列出从采石、开料、打磨、凿刻等工艺流程。我至今还收藏并持续收集着传统的采石和碑刻工具，将来展示于世人，全面介绍这门传统文化。同时，把碑刻技艺的传承与当地旅游紧密结合，以及民宿体验、文化创意、旅游纪念品开发为延伸，做精做实。碑刻技艺的传承者也应该为社会多做公益事业，工作室常年开展"天天非遗日，天天开放日"的碑刻碑拓技艺传承活动，365天免费对外开放。让碑刻工艺在社会上获得受人尊崇的地位，真正做到在开放中传承，在生产中传承，在动态中传承，在广义中传承，在为地方经济服务中传承，在为中华优秀文化的传播中传承。

兴化乌巾荡湿地公园
沈鹏诗书石刻

顾坤林

男，1936年生。阿坤卤
菜第二代传人，苏式卤菜制
作技艺传承人。

苏式卤菜制作技艺传承往事

口述者：顾坤林
访录整理：杨安逸
访谈时间：2016 年 6 月 23 日
访谈地点：杨安弄顾家

问：请您介绍一下自己？
答：我叫顾坤林。1936 年出生于苏州丹阳码头 17 号，属鼠。

问：您是土生土长的老苏州？
答：我生于苏州，但我的老家在无锡高桥内梅泾上顾巷，那里住的大都是姓顾的。

问：您的祖辈就是从事卤菜烧制吗？
答：不是。我的祖父顾锡庆，在上海四马路开松江旅馆，我的祖母在无锡北塘开南货店。

问：那您的父辈呢？
答：我的父亲叫顾子宏，1911 年生，生肖属猪，1984 年去世，活了 74 岁。我的母亲吴玉珍，1915 年生，生肖属兔，活了 67 岁。

问：您的父亲是从事什么工作的？
答：我的父亲起先在苏州的素菜馆学生意，后来去了上海，在功德林素菜馆工作，当烧菜师傅。成家后，来苏州定居，在丹阳码头开典当。1949 年前，他在上塘街摆肉摊，公私合营后，他被派至食品公司下属的杜三珍肉店工作，烧制猪头肉、酱鸭、酱汁肉等卤菜。

问：当年的杜三珍与现今的卤菜店有何不同？
答：当年的杜三珍，上午卖生鲜猪肉，是生帐；下午卖熟肉制品，是熟帐。陆稿荐也是这样的。

问：那您父亲是跟哪位师傅学的手艺？
答：是杜三珍的一位老师傅，名字我现在不记得了。

问：您父亲后来一直在杜三珍工作？
答：是的，一直做到 60 岁退休。

问：您小时候在哪里上学的？
答：我小时候读的是湖田小学。小学毕业，考入市一中。

问：是初中毕业吗？
答：是的。

顾坤林

问：初中毕业后呢？

答：就不再往上读了，参加工作了。

问：在哪工作呢？

答：在广济桥塊三板桥红墙头那里，是食品公司熟食加工厂，在那工作。

问：具体做些什么？

答：加工熟食，如炒肉松、腌咸肉等。

问：做了多久？

答：做了两三年，每个月工资 33 元，我嫌收入低，就辞职出来了。

问：辞职后做什么呢？

答：自己在家跟着我父亲学烧卤菜，然后在山塘街宁远堂药店门口摆摊卖。

问：有哪些品种？

答：有猪头肉、油汆小肉、酱鸭、酱肉等。

问：生意怎么样？

答：大家都觉得我烧的卤菜味道好，所以生意也很好。一般每天下午 3 点出摊，5 点 30 分卖完收摊，常常是顾客排队买我烧的卤菜。

问：这样的情形维持了多久？

答：一直做到 1969 年全家下乡。

问：你们下乡去的哪里？

刚出锅的猪头肉

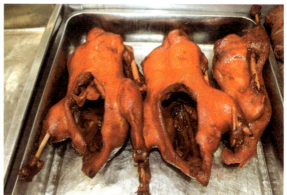
苏式酱鸭

答：盐城大冈公社。

问：您在盐城做些什么工作？
答：先在傍徐大队电灌站灌水、轧米，后在生产队当保管员。

问：啥时候返城回苏州的？
答：1979 年。

问：回到苏州住在哪里？
答：下乡回来，就在杨安弄一块我父亲种菜的空地上，自己
　　造了房子住。后来还将隔壁的房子买了下来，用作卤菜
　　工场。

顾
坤
林

问：您回到苏州还继续做老本行？

答：是的，继续摆摊卖卤菜，起先摆在星桥下塘桥堍那里，1980 年以后，领了个体户执照，就搬到河对岸的糖果店门口了。

问：您在哪领的营业执照？

答：20 世纪 80 年代初，工商所成立，我是第一批在留园工商所登记的个体户。

问：您什么时候开店营业的？

答：1994 年左右吧，搬入山塘街营业至今。

问：您除了跟您父亲学烧卤菜，还跟过其他师傅吗？

答：有一个。我下乡回来后，我父亲的老朋友、住在下塘街的朱敖兴正好从杜三珍退休，于是来我家中，指导我卤菜烧制技术。他教了我 4 年，除了烧制技术，还教我杀鸡、杀鸭、杀鹅等技术。朱师傅曾经对我讲，他把手艺毫无保留地全部教给了我，连他自己的子女都没全部教。

问：猪头、猪肉都是进的宰杀好的吧？

答：是的。猪头是从王家庄蒋老板的猪副食品加工厂进的货。以前猪头都是松香去毛，现在厂里用火枪褪毛。猪头拿回来，开好后，还要刮一遍毛。

问：烧猪头肉的准备工作有哪些？

答：猪头要先去淋巴、出骨头。生猪头出骨是个技术活，现在苏州会开生猪头的人已经不多了。去毛出骨的猪头还要在盐水里浸泡一夜。

问：烧制猪头肉有啥讲究？

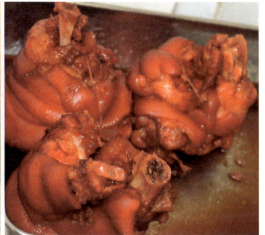

酱肉　　　　　酱蹄髈

答：一是作料，一是火候。作料放什么、放多少、啥时候放，
　　都是有诀窍的，师傅不教你，你哪怕天天在边上看，也
　　是学不会的。火候也是要靠经验来把握的。做生意，靠
　　的就是这个诀窍！

问：烧制卤菜，对原料要求也很高吧？
答：是的。比如酱鸭，我现在就选用河南华英鸭，这种瘦肉
　　型的鸭子是专供北京做烤鸭的，要 100 多天出栏，比起那
　　些 40 多天就出栏的速成鸭，口感要好很多。拆烧，要用
　　猪后腿肉，还有 3 号肉。3 号肉就是去骨大排肉。

问：您现在还烧制卤菜吗？
答：我早就交给我儿子顾中贤来管了。我儿子 1967 年生，

顾坤林

盐水鹅与鹅肫

各色卤菜

卤菜店门前顾客排起了长龙

初中毕业进起重机械厂工作，业余时间就在家帮忙。他十六七岁开始做卤菜，今年50岁，也做了30多年了。

问：您是手把手教您儿子手艺的？

答：是的。后来他从厂里辞职，就回家专门烧制卤菜了。现在我儿子是作坊的大师傅，负责猪头肉、酱肉、酱鸭、酱蹄髈等所有卤菜的出成品，他的舅舅在旁边协助他，另外请了3个帮工做做下手活。

问：都由您儿子一个人出成品，他很累吧？

答：是的，做卤菜是很吃力的。正因为如此，他每天也不肯

顾坤林

多烧，猪头也就烧 10 多只，12 只到 15 只之间。早上 7 点半开门，猪头肉最先卖光，供不应求。

问：您是怎样看待苏式猪头肉的前景的?

答：现在苏州市面上卖的猪头肉，大都是安徽人的烧法，是连骨头一起烧的，烧出来的猪头肉不入味。我们家还是坚持苏州的传统烧法，就是出骨烧制。虽然生猪头出骨太麻烦，但烧出来的猪头肉味道好。这活太辛苦了，所以现在愿意制作苏式猪头肉的师傅已经越来越少，我儿子虽然继承了下来，但我的孙子是否愿意继承，就很难说了。如果没有人愿意继承，这技艺恐怕就要失传了!

韩
家
林

　　男，1952年11月生，苏州高
新区通安镇航船浜村人。17岁至
今从事雕花手工艺，精通绘图、
设计，雕花技艺精湛，培养两个
儿子从事雕花行当。其小儿子韩
建贤创作的《碧玉镶嵌如意》、
《教子图》雕刻作品分别夺得第
十二届、第十三届中国工艺美术
大师精品博览会金奖，先后被评
为苏州市民间工艺家、苏州市工
艺美术大师、江苏省高级工艺美
术师。

雕花匠技艺永无止境

口述者：韩家林

访录整理：樊宁

访谈时间：2016 年 8 月 5 日

访谈地点：苏州高新区通安镇航船浜村苏艺吴作红木家具厂

问：雕花匠的含义是什么？

答：家具、建筑业的木雕行业及其作坊，称雕花作，雕刻艺
　　人俗称"雕花匠"。

问：能介绍一下您所在的红木家具厂工匠的年龄吗？

答：苏艺吴作的木匠、雕花匠普遍年过半百，年纪最大的是
　　我，生于 1952 年，小儿子韩建贤生于 1979 年，是地地道
　　道的后生。

问：苏艺吴作红木家具厂是谁创办的?

答：2008 年，小儿子白手起家创办了苏艺吴作，我和长子韩
建华如今都在他手下打工，领取工资和奖金。

问：您能描述一下平时雕花时的模样吗?

答：平日，我的胸前总是挂着一领从颈部垂至膝盖的皮围
裙，长年累月的木屑沉淀使它失去本色，工作台上几十
把各种尺寸的雕刻刀在手中或深或浅灵活转动，花鸟鱼
虫、人物飞禽在红木上栩栩如生地绽放。雕花匠以刻刀
为笔，以红木为纸，毫不逊色于赏心悦目的艺术创作。
小儿子就是在我的熏陶下，从事雕花这一行业的。

问：听说您的爷爷、父亲都是木匠，你可以介绍一下他们的情
况吗?

答：我的爷爷是木匠，很早就病逝，抛下妻子和 5 个子女，
我的父亲韩金奎是独子，当时只有 13 岁，尚未学艺。家
里顿失顶梁柱，单靠奶奶种田难以养活一家人。同行见
孤儿寡母日子过得艰难，心生怜悯，就将父亲领去传授
木匠手艺。父亲没有正儿八经读过书，但识几个字，写
得一手好毛笔字，人民公社后，在生产队当计工员，倘
若有做家具、建房等木工活时，生产队就派去做，算工
分。50 多岁时，他不再做木工活，因为那时村民靠工分
吃饭，鲜有人家打家具。父亲的手艺一般，从未做过红
木家具。

问：您的家里还有谁是木匠?

答：长我 3 岁的哥哥韩家表跟父亲学木工，手艺超过父亲，红木
家具、木船都会做，因患糖尿病，几年前歇手不干了。

问：您是怎么从事木雕业的?

答：父母务农为业，生育了 5 个子女，我最小，尽管欢喜读书，拿过奖状，但因为家贫，小学 2 年级未读完即辍学，到生产队劳动。大人辛劳一天挣 1 元工分，我汗珠儿摔八瓣一天只能挣 1 角。母亲身体不好，在家刺绣，大哥分家单过，我挑起生活重担。在生产队起早贪黑，一年到头也赚不了几个钱，我立志学门手艺自立，17 岁那年，倾尽所有买了全套雕花工具。传统的工艺雕刻，木雕工具多达百余件，平雕至少需要 20 余把雕刻刀，而深雕需要 40 余把，圆刀、平刀、斜刀、玉婉刀、中钢刀、三角刀，不一而足，每把刀售价 5 角。这套工具从此成了我这辈子须臾不可离的忠实朋友。

我从小就看着父亲干活，耳濡目染，一般的木匠活都能对付。但当时并没有多少木匠活可做，因为村民的日子大多过得紧紧巴巴，也无木料可买，除非自家栽了棵榉树，儿女婚嫁不得已要做家具。从事木匠的人多，而雕花匠少，将来更容易接活儿。

问：您 20 多岁时已有了活计，为何又认了家住通安镇光明大队的雕花匠戈正荣为师傅？

答：我用心琢磨雕花的门道，渐渐有了活做，但没有师傅指点，总觉得不规范，20 多岁时认了戈正荣为师傅。1922年动工兴建的苏州东山雕花楼，雕刻精美，结构奇巧，戈正荣的师爹，即师傅的师傅，在那里见过世面，可谓师出名门。拜师傅要送认师礼，常规要送糕点、猪后腿，价钱不是很大，但对于我而言是笔大开销，戈正荣见我蛮可怜，徒弟照收，却不要我送礼。

问：拜了师傅后，您的状况怎样？

答：按照行规，学徒要学 3 年帮 3 年，徒弟要跟着师傅不拿工钱学 3 年，我根本无法做到，因为不参加生产队劳

韩家林绘制的雕花图样

动，一天要被扣 5 元，社员被牢牢拴在田地里，甭想搞"歪门邪道"。师傅戈正荣是个例外，因为凭他呱呱叫的手艺，周边村民凡是有雕花活计总是寻到他，他不参加集体劳动，专在家做雕花活，每天交给生产队 2 元，生产队再返还 4 角工具费，计一个工，到年底按工分分红。我初出茅庐，单靠揽雕花活计尚不能每天赚到 2 元，不得不到生产队出工。

问：您没有时间跟师傅学手艺，是怎样将手艺学到手的？
答：师傅虽然认了，但我一天也没跟师傅正儿八经学过，只是借登门之机，请师傅在关键处点拨，我一点即通。雕花匠手艺好坏大相径庭，粗看雕的都是山水花卉、亭台楼阁，好手艺的，远近比例协调，柳枝飘拂的方向与波浪涌动一致，这些细枝末节毫不含糊。经过长期磨炼，我的绘工灵活，雕工精巧，浅浮雕以线带面，极富立体感，人物的衣纹常用极其简单的几根线条表现，呈现飘逸感。

问：您无师自通的奥秘是什么？

答：善于取长补短或许是我无师自通的奥秘，只要看到别人雕得比我好，夜里我睡也睡不着。若不能眼瞅着人家是如何雕的，我就日思夜想地琢磨对方的刀法，这还不够，还要改进对方的不足，憋着一股劲儿超过对方。

问：您当年参加集体劳动还有空雕花吗？

答：日复一日的集体劳动繁重而枯燥，到处在割资本主义的尾巴，我白天在生产队出工，累得精疲力竭，晚上仍强打精神，紧闭门窗，躲在家里偷偷做私下接的活计。那时的村民没有条件讲究，主要用杉木等杂料，我雕花贴补家用。尽管如此，我和父亲辛苦一年，两人的年终分红刨去口粮钱，只剩七八十元，还不够买一块价值 120 元的上海牌手表。

问：年轻时尽管生活捉襟见肘，您为何还是省吃俭用买回各种书学着绘画？

答：尽管没念过几天书，但我从小就喜欢绘画，看到什么就想画下来，这个习惯至今也未改变，但为了养家糊口，我选择了更现实的木雕手艺作为谋生饭碗。这本 1981 年出版的《五言唐诗画谱》，全是晚清画家任薰、任颐等人的花鸟作品，对我的帮助就很大。小儿子秉承了我的天赋，孩提时淘气，满墙信笔涂抹雷锋像，挺像回事儿，我早年买的书又传到他手里，被翻得稀烂。

问：您还通过什么途径提高技艺？
答：我不放过任何学习的机会，每逢到拙政园、留园、网师园等处游览，我看到精美绝伦的木雕、砖雕、石雕、家具等就挪不动脚步，我细心揣摩，惟妙惟肖地画下来。若是碰到高手雕花，我就紧盯着看。

问：木工与雕花有什么异同？
答：雕花比木工更难掌握，因为木工的尺寸、图样是死的，而雕花的花样是活的，没有固定的尺寸、样子，全凭木料形状定夺适宜做什么，脑子里形成一个清晰的轮廓，却难以在图纸上画出图样，只能边雕琢边思索。

问：您从何时起专门在家接木雕活？
答：25岁那年，我结婚，负担更重了。随着十一届三中全会召开，搞副业不再被视为资本主义尾巴，木料好买了，打家具的人多了，我不再到生产队出工，专门在家接木雕活，也无须交钱给生产队。

问：您是何时开办作坊的？
答：我于2000年开办了作坊，专做中堂家具。做家具的人家或选用杂木，或选用波罗格，我在家开好料后，木工活发给他人，我与两个儿子在家专务雕花。中堂家具做了5年，我还参与古建筑的木雕活，吴一鹏故居玉涵堂、冈州会馆、明月湾古村落等工程都有参与，大梁、门窗、屏风等无不精雕细刻。

问：您是怎样对待雕花的？

答：我告诫儿子，雕花绝不能马马虎虎，要比别人精湛、硬气。比如我正在雕琢的这扇窗板全是人物，此系浮雕，经凿粗坯、修光、细饰，定层次，分深浅。深浮雕的深度即浮凸的高度，不得低于 2 厘米，最好达三四厘米。修光时利用手上的力度掌握雕刀，铲削而成。浅浮雕的浮凸高度一般不超过 1 至 5 厘米，修光的关键是铲底，先用大号平刀在板料上竖向铲，再换小的平刀或小斜刀扫尾，将底子铲得平整如镜。"要想工效快，必须要三快"，即眼快、手快、工具快。这还只是一般的木雕，这些用在建筑上的窗棂，因为工期、工价等因素，不可能花工夫精雕细琢。

问：您能介绍一下手上的活计吗？

答：我正在波罗格木料上雕琢的是长长的挂落，挂落用于仿古建筑。完成此挂落至少需要 20 个工作日，我每天 7 点半就站在工作台前，17 点方放下雕刻刀，一天干 9 小时。一年中除了春节休息几天，今年出梅后连续半个月近 40 摄氏度高温，我每天上午仍然要抓紧干上一阵子。一天不摸雕刻刀，心里就空落落的。波罗格木质硬，我右手紧握铁锤木柄，铁锤松弛有度地敲击左手所攥的雕刻刀柄，控制好力度，刀刃铲下卷曲的木屑。雕刻不同的木材，所用刀具也有讲究，若是软木质的杉木，要选薄刃；若是硬木质的波罗格、红木，则要选厚刃。雕花磨炼人的耐心和毅力，越是红酸枝这样硬度大的木料，雕刻时越不能用蛮力，要慢慢用锤子敲击刀柄，用力过大、过猛，木料就要爆裂。

问：您的儿子小小年纪就弃学以雕花为业，他们的经历与您相同吗？

答：他们的经历与我不尽相同。本该上学的，我爱读书却读不起书，而我的儿子读得起书却不喜欢读书。小儿子韩建贤从通安镇金市小学毕业后，在金市中学初一只读了 3 天，板凳还没坐热，就拎着书包跑回了家，再也不肯回到学校，"读不进书"，被我结结实实打了一顿。小小年纪待在家里也不是事儿，就跟我学木雕。他那时吊儿郎当，根本不上心，学了 2 年后，发现木雕和绘画相通，趣味无穷，慢慢喜欢上这门手艺。长他 2 岁的大儿子韩建华也是初一读了一阵子就辍学，跟着我学手艺。

问：听说韩建贤人小心大，未成年就接活儿单干了？

答：小儿子生性不安分，不喜欢受约束，跟着我学了两三年雕花手艺，就设法单独接活儿。因为年纪小，加之矮小瘦弱，人家总是用狐疑的目光打量他，他就厚着脸皮央求"做得好再给钱"，作坊老板被缠磨得不耐烦，就发些零碎的木雕活试探他的手艺，见交的活儿果然漂亮，也就放心发活了。

问：韩建贤是何时招兵买马包下木雕活的？

答：小儿子不满足于零敲碎打的三四十元一天的工钱，1997年从作坊老板处包下木雕活，招揽了三四名同龄的雕花匠、一名木匠，就在家里摆开架势，每人每天支付 45 元工钱，赚的钱比接零活高很多。当时，我也在家里开办了红木作坊，大儿子跟着我干，他则单独起火，父子俩摆了两摊子，场地不够，除了院落中用毛竹搭起简陋工棚，门前的口粮田也用毛竹搭建起工棚，扯起电线，从早到晚喧腾不已。

问：听说韩建贤的聪颖最早是被国家级非物质文化遗产项目香山帮传统建筑营造技艺代表性传承人薛福鑫发现的？

韩家林

韩建贤在小叶紫檀上雕刻作品

答：2003 年，薛福鑫、薛林根父子经营的苏州太湖古典园林
建筑有限公司修复明代玉涵堂，手下数百号各色工匠多
来自东渚镇、通安镇。玉涵堂是苏州市政府重点工程，依
照设计，用料精选杉木，枫拱上的梁托、山脊部分的山
雾云等处的明式雕刻简洁圆润，梁下雕刻的花卉、圈草
等图案精细入微，具有鲜明的明代建筑风格。花色繁杂
的雕花，非一般雕花匠能够胜任。一天，薛福鑫到工地
巡查，问领头的雕花匠谁会这些活计，工头摇头："这
种活我们不会做。"其他人也面面相觑。小儿子正在人
堆中干活，冷不丁冒出来，接过话茬儿："这个活儿我

会干。"他那时身材瘦小，20 岁出头，很不起眼，薛福鑫不信任地问："你会做？画张图纸，明天交给我！"转身离去。他知道薛福鑫是在考自己，连夜画好图纸。第二天，薛福鑫拿到图纸，仔仔细细看罢，甩出一句话："这活儿就由你领着大伙儿干。"他这个毛头小伙立马成为众多雕花匠的头儿。当时，我不在工地上。

问：听说这并不是韩建贤头回露一手？
答：之前，苏州太湖古典园林建筑有限公司修复"绣圣"沈寿故居，他就参与了木雕活儿。窗棂、屏风等上面的花鸟、山水、博古等图案采用浮雕，即在木料的平面上雕出凸起的形象，层次错落。这档活计原本是我的同门兄弟接的，自感吃不下来，就打电话给他搬救兵。

问：苏州园林的木雕装饰工艺您都能自如运用吗？
答：苏州园林的木雕装饰工艺，镂空透雕、浮雕、浅雕、立体圆雕、贴花等手法，我均能自如运用。

问：您小儿子年纪轻轻就达到了如今的技艺，付出了怎样的艰辛？
答：十八九岁时，他接的雕花活计日渐增多，工期紧，寒冷的冬季，凌晨一二点，唯有我家的宅院还亮着灯光，他埋头雕刻，紧裹的棉袄贴胸，挂着灌满热水的盐水瓶，拴瓶的绳子套在颈上。他患有严重的胃病，就用这种土法驱寒暖胃。

问：听说韩建贤又开办了自己的红木作坊？
答：2003 年，小儿子开办了自己的红木作坊，与我的红木作坊同挤在家里，各干各的。薛福鑫、薛林根父子承建的苏州明清家具雕刻艺术博物馆，门窗、地罩等处的雕刻

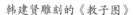

韩建贤雕刻的《教子图》　　　　　韩建贤雕刻的《五子戏钟馗》

采用浮雕、透雕、双面雕等多种风格，这些木雕活计即由他承包。因为工期短、要求高，除了他的作坊 10 多名雕花匠，他又临时招揽 30 多人。我的作坊有刨板机、开料机，可以共用，但打卯眼还需手工一点点地凿。此后，苏州太湖古典园林建筑有限公司承接张氏义庄移建、明月湾古村落修复等工程，他都参与了其中的雕花。

问：您和大儿子现在都在苏艺吴作红木家具厂工作，能叙述一下缘由吗？

答：苏作红木家具属于香山帮木工中的小木作，其特点是小巧精细。雕刻精美是苏式家具的特点，小儿子是雕花匠出身，这是拿手好戏，于是顺势而为，2008 年起，他不再接古建筑的木雕活计，一心一意开办名为"苏艺吴作"

的红木家具厂，专门制作明清款式的红木家具。随着农村城镇化，村民拆迁住进高楼，原来摆在楼房中堂的传统家具需求日渐减少，于是我和大儿子都加入了苏艺吴作，每天与其他员工一样勤勤恳恳地雕花赚钱。当时，苏艺吴作连同我、大儿子在内有七八名雕花匠，另有十余名木匠。

问：小儿子遗传了您的心灵手巧，园林设计图画得有模有样，设计、绘图、配料、榫卯、雕花、组合、漆工等，红木家具制作的全套工序均能胜任。这身本领是怎么练就的？

答：小儿子能达到现在的水平，得益于不懈从书中汲取营养，成捆书往家里抱，书橱里堆满了明清家具等书籍，一有空就翻看，各式各样红木家具的形状、尺寸全装在脑子里。后天的勤奋好学弥补了文化的缺陷，他在图纸上画花鸟、山水、人物等图案，根本无须样稿，用铅笔快速勾勒，工匠就照样雕花，或者直接在电脑上编程即可雕刻。

问：韩建贤从雕花转行从事红木家具制作，可以说是无师自通，是怎样实现这一跨越的？

答：我们父子仨一年到头没有玩的时间，苦出身的人苦挣苦做，干惯了，不以为苦，反而觉得是种乐趣。小儿子和我一样，从不打牌、搓麻将——没时间更没兴趣，一有闲暇就琢磨各种明清家具的书，王世襄著的《明式家具研究》几乎被翻烂，并在旁边写上注解、心得。其实，说他无师自通并不准确，书本是他最好的老师，中国林业出版社于1996年出版的《木雕工艺》是他跟着我学手艺时花28元购买的，翻得卷边，留下处处字迹。

问：韩建贤像您一样，他是怎样享受雕花的快乐的？

韩建贤于 2008 年雕刻的作品《天降祥瑞》

答：小儿子像我一样痴迷雕花，整天钻进奥妙无穷的雕花和家具世界，夜深人静，设计、绘图心无旁骛，临走再到车间转一圈，里里外外检查无虞才放心回家睡觉。一块不规则的木料，哪怕是边角料，他常常冥思苦想如何设计得出彩，有时睡梦中突然一骨碌爬起来，将灵感赶紧记下来。名为《天降祥瑞》的木雕工艺品，由不规则的老山檀香根料雕琢而成。这块根料高 45 厘米，直径 20 多厘米，在距根部约三分之一处生出 3 个分杈，向后、向外伸展，它在常人眼里或许就是块毫无用处的废料，落个丢进炉灶的命运。但是，正是伸展的枝杈牢牢抓住了他的目光，他借势而为，采用立体圆雕工艺，最终雕成了凌空而降的达摩。这件构思奇特的作品，于 2009 年的第十一届中国工艺美术大师精品博览会上，斩获特别金奖，他雕刻的《花开富贵》同时夺得创新艺术金奖。

问：韩建贤还有哪些木雕作品获得全国大奖？

答：小儿子少年起就学雕花手艺，木雕工艺品触类旁通，匠心独运的木雕作品崭露头角，第十二届、第十三届中国工艺美术大师精品博览会，他创作的《碧玉镶嵌如意》《教子图》双双夺得金奖，《枯木逢春》获银奖。2012 年，江苏省工艺美术精品博览会上，他雕刻的《盛世》获金奖。2013 年、2015 年，《叶落归根》《守望》雕刻品均获江苏省工艺美术精品大奖赛"艺博杯"金奖。

问：除了夺得多个国内大奖，韩建贤还获得了哪些称号？

答：小儿子还先后被评为苏州市民间工艺家、苏州市工艺美术大师、江苏省高级工艺美术师。

问：韩建贤在雕刻、红木家具行业干得风生水起，熟悉的人笑称他的成长速度不是坐火车而是乘飞机。您对此如何看待?

答：干到老，学到老，艺术没有止境，一步步走，有多大能力做多少事情，这是我的心里话，我也常这样告诫儿子。

问：您雕花近 50 年，雕刻了无数的东西，哪件作品是您最满意的?

答：我对自己雕的东西基本满意，但是真正满意的还没有，因为当时看看做的活计蛮舒心，事后细细琢磨总是有遗憾。雕花技艺没有底，我的脑筋要动到雕不动为止。

问：您的心愿是什么?

答：手艺是工匠安身立命的根本，我的心愿是两个儿子在雕花上有更大的发展。

韩良源

又名韩良元，男，1927年生，苏州人。继承祖父韩恒生、父亲韩步本的假山制作技艺，身体力行70多年，造"山"近200座。2010年6月成为苏州市非物质文化遗产"假山制作技艺"项目代表性传承人。

韩氏叠山世家传承假山制作技艺

口述者：韩良源
访录整理：郑凤鸣
访录时间：2016 年 5—6 月
访录地点：姑苏区观景新村、虎阜花园

问：您今年高寿啊？
答：我是 1927 年出生的。

问：您是什么时候获得苏州市非物质文化遗产项目代表性传
　　承人称号的？
答：2010 年 6 月，我的项目名称就是"假山制作技艺"。

问：您还获得过其他什么称号吗？
答：在 2015 年的央视大型文化纪录片《园林》里，我的镜头出现在第七集，题目是《韩良源——苏州叠山世家韩派假山传人、园林大师》。他们是看了我在上海的作品找到我的。也是那年的 8 月，我参加第三届苏州市民间工艺家颁奖大会，被授予"苏州市民间工艺家"称号，感到很光荣。深圳大学教授吴肇钊赞誉我为："古有戈裕良，今有韩良源。"戈裕良是清朝中期中国叠山杰出人物，我担当不起，太难为情了。

问：听说您出身于"假山世家"？

答：我的祖父韩恒生，生于清朝道光年间的苏州茶商家庭，曾在苏州府台衙门当差，负责园艺、建筑事宜。有一年，在府衙的帮助下，祖父购得灵岩山西面的"秀野园"。这个园子当时已经荒芜不堪，山石坍塌、花木凋零、房屋破旧。祖父一一加以修复，倾注了很大的心血，却也由此产生了对园艺的热爱。尤其在堆叠假山时产生了浓厚兴趣，甚至到了痴迷的程度。

我的父亲韩步本，新中国成立初被园林管理处聘为专家，修复或新建了包括苏州阊门大王花园、小王花园、苏州火车站假山等。1953 年，我父亲进了苏州园林修建队，作为为数不多的叠石园艺技师，先去南京担任工地技术负责人，修复了太平天国天王府，后来又先后承担了拙政园、留园、网师园、西园以及上海豫园、南京瞻园的假山修缮工程，还设计和堆叠了上海西郊公园、徐州云龙公园的假山，可惜我父亲在 1966 年病故了，享年 70 岁。

我是长子，我的叠山技艺直接来自父亲的言传身教。年轻时，我在父亲的带领下，参加过古典园林假山的维修工作，先后参加了虎丘、留园、拙政园、狮子林、网师园、耦园、沧浪亭、西园、怡园、上海豫园、南京瞻园的假山维修工作，以及上海龙华烈士陵园入口处 12 米高的"红岩"黄石假山、龙华植物园 6 米高的斜山掇叠，

韩良源

还到北京、山东、淮安等地，参加了大观园、李清照词园、清晏园等大型假山的掇叠。

其中，我年轻时的得意之作是上海龙华烈士陵园的大型叠峰《红岩》。为了增添悲壮、凝重气氛，我选用黄里透红的当地石料。小的石头只有几斤重，大的有一二十吨。作品以平直和高耸结合为线条，主峰庄严挺拔，气势雄伟，表现了革命烈士坚如磐石、视死如归的意志，令人肃然起敬。

1986年北京拟修建大观园，邀请我负责假山堆叠。我带领次子韩啸东主叠"蓼汀花序"，结果是洞中有洞，峰峦参差，颇具野意。在立面处理上别具匠心，山峦轮廓分明，结构上有凹有凸，纹理上自然有致。平面处理上蜿蜒曲折，风致天然。

我打破了"传男不传女"的观念，把我和我父亲、祖父的假山制作技艺传给我的3个儿子，也传给我女儿。现在很多年轻人都缺乏吃苦耐劳精神，学习这门技术、从事这份工作有一定难度，但是我的子女不怕吃苦，现在我的子女，包括孙辈也都从事假山制作，而且几乎都成了假山设计师。他们的假山作品既有中式庭园的清雅风范，又有现代园林的西洋景观，我看了很高兴。

问：您是什么时候开始从事叠石造园的？

答：我从13岁就开始从事叠石造园，新中国成立后，进入苏州园林修建队，修复过拙政园、留园等景点的许多假山。

1953年，当时的江苏省委书记柯庆施参观完苏州园林后，认为应当把苏州的园林恢复起来，吸引游客，于是成立了苏州市园林修整委员会。苏州市园林修整委员会里有周瘦鹃、范烟桥、陈涓隐、蒋吟秋，还有上海、南京的园林专家陈从周、刘敦桢、谢孝思，以及王力成营造厂技术人员王汉平、王国昌等人，谢孝思兼主任委员。

叠山名家戈裕良的代表作品
——环秀山庄假山

我的父亲、我和我弟弟作为叠石匠人也参加进去了。

20世纪80年代，我被邀请到上海堆砌假山，其中上海植物园假山，选址于植物园进门的三岔路口，这是一座黄石景观假山。从外观上看，它就像一座自然的倾斜沉积岩断层山崖。为了创造出真山飞动、奇特险怪的美学效果，采用后山的绝对重量压住前面悬空3米多、重82吨的断崖，同时因为结构科学，保证了绝对的安全。这在中国园林假山史上是一种大胆的尝试。假山造好后，陈从周教授举双手说好，并称赞这是人工造就的奇景。

韩良源

20 世纪 90 年代中期，堆砌山东章丘清照园的"秀眉清照"假山时，运用总石量 2.6 万吨，加上塑石 10 万多平方米，成为全国体量最大的假山群。其中石柱 99 根，每根高 10 米，连基座达到了 20 米，非常有气势，表现了庭院的幽深和气势的恢宏，也映衬了李清照高洁的一生，1997 年 5 月落成。

问：听说你曾经得到著名古建筑学家刘敦桢教授的真传，是吗？

答：对，20 世纪 50 年代，刘敦桢教授为考察、研究苏州园林文化，常来苏州，在深入街巷调研私家园林的同时，也找叠山能手了解情况。我就是在那时结识了刘敦桢先生，经常得以当面聆听他的教诲，刘先生也经常来到现场给我讲解。他像在课堂上给学生讲课一样，循循善诱，使我获益匪浅。

问：一座好的假山，它好在哪里？

答：苏州园林"无园不石"，在修建、维护、保养中，堆山叠石的技艺一直传承至今，可以说，世界上没有任何地方像苏州人这样对人工造山有这么高的热情。因此，好的假山，当然要保持合乎自然的状态，对天然山岳进行概括和提炼，在很小的地段上展现咫尺山林的局面，幻化千岩万壑的气势。好的假山，来自自然界，天然形态，不需要人工斧凿，表面没有破损。色泽以奶白为最佳，其次为黄色、红色、褐色等等。好的假山，门面上都是好石头，造型独特，色泽相对一致。

问：假山与真山有什么区别？

答：假山可以以假乱真，把真山千奇百怪的形状体现在人的思想感情里，使之有明末造园家计成在《园冶》中所说

拙政园的假山

的"片山有致，寸石生情"的魅力，因此假山比真山更
概括、更精炼。

问：人们都说假山是立体的画，那么假山制作需要有绘画基
　　础吗？

答：当然要啦，因为中国园林的假山叠法与中国山水画向来是
　　相通的。中国山水画是以山川自然景观为主要描写对象
　　的。叠山造石的纹理方法必须借鉴中国山水画中的各种
　　皴法，表现出山石树木的脉络、纹路、质地、阴阳、凹

韩良源

凸、向背，又使园林假山真正源于自然，又高于自然，从而达到诗画的意境。叠假山的人一定要多看真山，研究山峰、岩石的分布。我们平时经常到大山里去写生，把漂亮的山景描画下来。叠假山之前都要先画草图，然后用泡沫或橡皮泥制作模型，然后再动手制作假山。

问：你是怎样用湖石或黄石堆砌假山的？

答：自然石、古老石、太湖石、黄石、红石、花岗岩石、云片石、鹅卵石都是堆砌假山的主要材料。最有名的是太湖东山、西山一带的石灰岩，这种石头被称为太湖石，简称湖石。不过，现在其他地方的石灰岩也被统称为湖石了。湖石多孔穴，最适宜用来堆砌假山。堆砌湖石假山多选用环透拼叠法，外观山势用考究的弧形的峦势和曲线，处处体现出湖石的天然形状。叠山名家戈裕良的代表作品环秀山庄，就是以湖石假山闻名于世的。黄石色泽自淡至赤黄，有多种变化，它质地较湖石坚硬，外形多棱角，宜构气势雄健之冈峦，因此一般来说，用黄石堆砌的假山规模比较大，可以在山谷及小溪上架两顶桥，再在山上点缀绝壁，建两个以上凉亭，造成雄浑气势。例如留园中部、西北部的假山就是这样的。拙政园中部二岛，登山道与道侧用的都是黄石，石间有杂土，让竹木芦苇得以自生，野趣横生。使用黄石时，最好不要同时掺砌湖石；使用湖石时，最好不要同时掺砌黄石，以免格调不一致。

问：假山石之间用什么胶合来保障它的牢固和安全呢？

答：传统的山石的胶合部分用的是胶凝材料，可以用石灰加糯米浆、石灰加桐油、石灰加血料以及石灰加糯米浆加明矾等，把这些胶凝材料用在重要部位，粘结性非常好，非常坚固，简直与花岗石一样坚硬，因此常用于修补假山石。现在则因为采用黄沙、水泥、石子作为胶合材料，然后在外观上用配色工艺使它与山石浑然一体，所以就不用原来的方法了。新工艺的效率比传统做法速度快，而且牢度也好。就是说堆砌假山也是要与时俱进、改革创新的。

问：什么是血料？

答：血料是用猪血加工的，猪血中有血水和血块。制作时，先将血水和血块分装，再将血块碾碎成粥状，然后酌情缓慢加入冷水搅匀至同原来的血水一样的稠度。待其过箩过滤后，把原来的血水倒入桶内，搅匀后再次过箩。再用石灰泡成较稀的石灰浆，经过有网眼的铁纱箅子后，将其少量倒入血水桶内，不时稍加搅动。一两个小时后，血水起变化，产生泡沫上涨，成肉冻状，血料就做成了。经过熟石灰水发酵的猪血，有黏合作用，还能防潮、防虫。

问：假山制作有规律可循吗？

答：有，但不是千篇一律的，要根据园子的实际面积，周围环境，附近相关建筑，水塘大小，花卉树木的多少和高低，石头的形状，颜色，需要堆砌的体量和造型等综合考虑。最讲究的是以对自然、环境、生态的敬畏与尊重的造园思想，用中国传统造园最基本、最深刻的"天人合一"理念，才能堆砌出最成功的山水，达到"虽由人作，宛若天开"的境界。

堆砌假山，不但要考虑占地面积的大小、假山与周围环境的协调、主峰和次峰的位置、高低错落的呼应和对照，还要考虑以池水衬托假山。主峰不宜位于中央，以免产生呆板、突兀的感觉。可在东麓或西麓建一个小的石洞。这种办法既节省石料、人工，山上还可以栽植树木，与真山无异。

假山与池水连接处，用绝壁比较好，其下再以较低的石桥或石矶作陪衬，使人感觉石壁更为崔嵬高耸。还可以在绝壁上建小路。游人自谷中宛转而来，俯瞰池水，缓缓渡桥，折入山谷之中，然后登山，到达山顶。这种构图与我国传统的山水画一模一样，简直是一幅活的中国画。或者在山腰建个小平台，在山顶造个亭子，以便游人休憩、赏景。亭子应当建在主峰稍微下一点的位置，这样更美。

问：园林假山有哪些基本造型呢？

答：一是绝壁，二是山洞，三是蹬道，四是谷涧，五是峰峦。一般一座假山只能有一个主峰，要有高峻雄伟之势，其他山峰的高度不能超过主峰，以形成宾主之势。山头比较圆浑的叫峦。峦可以有几个，或高或低，相互之间参差不齐，形成重峦叠嶂、前后呼应、错落有致的效果。各峰、峦之间必须彼此呼应，气脉相通。

问：学习假山制作技艺难吗？

答：说难也不难，说容易也不容易，关键是这门技艺需要有悟性、有智慧，更离不开实际制作，如果有造型艺术天赋，再加上绘画技术、力学知识、理论水平，那就更好了。在施工技术上，需要假山工具备焊接、抹灰、抹胶等多种技能。最好还要有木工、钢筋工、架子工、防水工、通风工、工程电气设备安装调试工、钳工、管道工、起重工、工程机械修理工、挖掘机驾驶员、推土铲运机驾驶员、塔式起重机驾驶技术。有了这些，从初级假山工、中级假山工，到高级假山工，都是不难的。过去制作假山没有机械设备，全靠人力。平面移动石块时，先把地面整平，在地上放置硬质的滚木，用扛棒撬动滚木上的石块，使它慢慢向前移动，再把后面的滚木换到前面去，

留园的假山

这样一点点、一寸寸地前进，速度很慢，体力消耗很
大。向上抬升石块时，搭脚手架，用手拉葫芦吊装假山，
靠肩膀用扛棒艰难抬动，苦不堪言。往往因为用力过猛，
或者用力不当，闪了腰。年轻时恢复快，不觉得有什么，
年岁大了，老伤就折磨人了。

问：为什么苏州人，特别是你们韩家在假山制作上有独到的
优势？
答：客观原因是苏州有产于洞庭西山的太湖石，城西的黄

韩良源

石、鹅卵石，离城不远，开采与运输极为便利。形态奇异的太湖石透、漏、皱、瘦，玲珑多窍，皴纹纵横，洞孔相套，有自成天然的意趣，是造园叠山的上佳石材。

同时，园林是苏州的名片，而苏州园林里，假山必不可缺。苏州有得天独厚的造园传统，著名的香山帮匠人在建造宫殿、状元府、官宦建筑、私家宅邸时，都会附带建造花园，花园里也少不了假山。苏州假山制作技艺门类多样，技术精湛，独树一帜，中外闻名。韩家只是承袭了前人的经验，加以创新发展，才有了今天的好手艺和好名声。

问：现在做假山的人多吗？

答：多！有些卖石头的人粗制滥造地承接叠山工程，做出来的假山石杂纹乱、造型呆板、没有灵气，根本谈不上艺术造型，更不要说能衬托建筑美了。有的甚至用硫酸做假山的表面处理，结果反而使假山失去了天然的光泽。

问：您准备把毕生的叠山技艺整理出版吗？

答：有这个打算和准备，已经形成了六大本书稿，由于费用问题和年岁大了精力不够，迟迟没有变成正式的书籍。70多年来，我主持了许多置石、掇山工程，或修旧，或兴建，留存了不少作品。我从这些实践选取经典的园林叠石案例，有的还保留了图纸、照片、画稿。如果正式出版，我将结合祖辈、父辈的叠山技艺，以图文并茂的方式展示给大家，内容从如何选石，如何造型，到叠山的实际操作，如挖基放线、加固、拼接假山石，以及安全事项等进行详细的记载和论述。

这些都是我几十年积累的笔记、写生画、图片、造园心得和参考书目。我小时候家里穷，读书不多，肚子里有货，虽然能说，也能写一点，但是真正要写成书，还是比较困难的。

吉佩龙

　　男，1944 年 3 月生，常熟
梅李镇人。常熟市紫园盆景
艺术公司总经理，江苏省非
物质文化遗产盆景技艺——
苏派盆景项目常熟市代表性
传承人。

苏派盆景技艺的传承往事

口述者：吉佩龙
访录整理：郑行健
访谈时间：2016 年 6 月 6 日
访谈地点：董浜紫园盆景艺术公司

问：首先向您祝贺，作为常熟市非遗项目"苏州盆景技艺"
的代表性传承人，"盆景技艺·苏派盆景"在今年初又入
选江苏省第四批"非遗"代表性项目名录。

答：这不仅是我个人的荣誉，更是我们常熟盆景的荣耀。我
们常熟盆景的传承源远流长，常熟传统规则式"六台三
托一结顶"盆景被誉为苏派盆景的代表作已载入史册。
我认为，苏派盆景最重要的发祥地应该在我们常熟。

问：哦，这倒是一个很值得探讨的话题。那是否先讲一下常

童心（全国金奖）

熟盆景与苏派盆景的传承呢？

答：可以。苏州盆景起源很早，但一直以来风格都没有定型。
真正形成"苏派盆景"这一流派的是民国时期，其代表人
物是周瘦鹃先生。但周瘦鹃先生的盆景最后定型成为苏
州流派的，却是在结识了朱子安之后。这位朱子安，当
时还很年轻，但在沪宁一带的盆景界中，已初露锋芒，
他经常受邀去周瘦鹃家帮助整理盆景，两人在盆景方面
形成亦师亦友的关系。周瘦鹃在朱子安的帮助和传授下，
才渐成一种独具一格的流派，就是后来的"苏派盆景"。
你现在如能看到周瘦鹃的盆景作品或照片，就会发现这
些盆景很多都有"六台三托一结顶"的影子。

问：那朱子安又是怎样的一个人呢？

答：朱子安，他于新中国成立后的 1989 年 9 月，被建设部城建司、中国园林学会、中国花卉盆景协会联合授予"中国盆景艺术大师"称号，成为当代苏派盆景代表人物。而这个朱子安，正是我们常熟人，他的盆景技艺有着深厚的常熟渊源，他是常熟盆景的传承人之一。

问：那能否请您谈一下常熟盆景的历史渊源呢？

答：好。常熟的盆景起源很早，但已知有传承关系的创始人应该是清朝光绪年间的著名盆景艺人李肆寿，那时常熟的北门大街就有了李肆寿的盆景园"景春园"，为常熟盆景景观之最。近代篆刻大家赵古泥曾为其镂刻园名。到民国初期，传承李肆寿常熟派盆景的常熟艺人主要有殷祥林、朱宗师、李天福，但这三人后来分道扬镳。其中殷祥林到上海发展，他儿子殷之敏最终成为上海海派盆景艺术大师。另一位艺人朱宗师迁往苏州，他的儿子就是上面所说的朱子安。所以说常熟盆景从那个时候起，就在苏州、上海开花结果。而这三人之中还有一位盆景艺师，就是创始人李肆寿的儿子李天福，他坚持在常熟，把常熟派盆景的根留在了常熟。李天福的儿子李桐森，在传统盆景技艺上，与他的同辈殷之敏、朱子安相比毫不逊色。不过作为李肆寿的孙子、常熟盆景的嫡系传人，李桐森尤其在传统盆景"六台三托一结顶"技艺上有独到之处。这位李桐森，常熟人都叫他李三男，晚年隐居，于 2000 年逝世。而我，在 1986 年有幸成为他的关门徒弟。

问：那您又是怎样走上从事盆景技艺这条道路的呢？

答：在拜师李恩公之前，我在盆景艺术上已摸索了很久。在我很年轻的时候，我就业余学种菊花、月季，兴趣很浓。

1977 年那年，我作为常熟一家纺织厂的技术骨干，去上海采购纺机配件，住的旅馆离江阴路的花木盆景市场很近。空暇时过去，满目的花木盆景，让人流连忘返，使我一下子产生了学种花木盆景的想法，从此一发不可收。当时，花木市场刚苏醒，各种花木种苗价格很高，我想种又买不起高价花木，怎么办？但看看学学不要钱，只要有空我就去偷偷学艺，还去上海福州路新华书店买有关盆景的书籍，看看想想，对盆景造型悟出了一些门路。

到 20 世纪 80 年代初，我开始实践栽种盆树，星期天就背上工具去挖小野榆树、枸杞根，到家栽种，两三年的摸索，能种活，会养护了，但不入窍，怎么办？学前人的经验，找不到师傅就找书本、订报刊，从理论上把别人的经验学过来，摸着石子过河，逐渐入门。

1985 年，我请假去上海参观"中国首届盆景展评"。展场里全国各地的盆景，其技艺之精湛、造型之优美，使我大开眼界。但我遍寻整个展场，却带着一个疑问：常熟的传统规则式"六台三托一结顶"盆景是苏派盆景的代表作，已被载入史册而成为不争的事实，那为什么不参展？为什么见不到一件常熟的盆景作品？我带着疑问离开展场回家。我开始认识到，自己再也不能闭门造车，应该走出家门，寻访隐逸的高人，也许能找到一条振兴常熟盆景的路子。

问：那您找到"高人"拜师学艺了吗？

答：找到了。1986 年，在不断地寻师访友中，我在常熟老县场市场认识了兴福老花农顾金金的家属，她带我去她家，就认识了老顾师傅。我一边询问盆景的栽种，一边又通过老顾的介绍，认识了林场的盆景技师朱良，朱良又介绍我认识顾五师等朋友，就这样，盆景朋友多起来了。但这些朋友栽培的盆景，都是一般的苏派盆景。因为一盆正宗的规则式"六台三托一结顶"从栽培造型到成型完工，需要近 20 年的功力，一般人等不及。而我真的舍不得这一传统规则式盆景技艺在我们一代失传，立志传承与弘扬。我再三打听，希望得到真传。终于有一天，在北门花木商店老陈指引下，到城北一条偏僻的小街含辉阁，叩开了李桐森老师的家门。这位李桐森老师，就是我前面所说的光绪年间常熟盆景创始人李肆寿的嫡孙，那年，他已是年近古稀了。

在李桐森老师家小小的庭院中，代表常熟风格的中小盆景，清秀典雅，与上海的参展作品相比，绝不逊色。这些盆景为啥默默地深藏于小弄？老先生讲了：年事渐老已无力参与社会活动。当时我心中一闪，这是常熟特产、常熟一宝！我要学习、传承的决心更加坚定。于是，再三揖请，要拜老先生为师。老先生看我一片诚意，把收徒之门又打开，收下我这个关门徒弟。从认识李恩公起，我就注定要为常熟盆景尽终生之力了。

问：您拜李老师为师后，学了些什么呢？

答：李恩公是正宗的常熟盆景嫡传，我跟着他，学到了许多一般盆景艺人没有掌握的技法。而李老师对我，也全力教授。他甚至把他的"看家本领"，就是常熟传统规则式"六台三托一结顶"的技法也毫无保留地传授给我，使我终身受益。

问：能跟我谈谈这个"六台三托一结顶"吗？

答：可以。所谓"六台"是指将树干自然地折屈成六曲，在每一曲部位向外生长处留一树枝，这样，在树干左右曲折处形成上下参差的三对树枝。在每一树枝上利用剪扎方法形成一片，总共形成上下交错的六个叶片，就叫六台。在这六台叶片的后面，枝干的空隙处又另留三个树

吉佩龙在讲课　　　　　　　吉佩龙在给村民传授盆景栽培技术

枝叶片，也剪扎成片状，成为"三托"。最后，在树干最顶端的枝叶也剪扎成一大片，形成顶盖"一结顶"。这样，一个完整的盆景就共有十个分层而生的叶片。

1994年，恩师李桐森手把手地教给我"六台三托一结顶"规则式盆景的造型技法。他亲自动手，把一棵我认为无用之才的榔榆树攀扎成"六台三托一结顶"规则式的盆景。剪扎技艺从"一攒手"到"二攒手"到全景一步一步地教。这个技艺，必须从"一攒手"、"二攒手"逐步完成；背后的第一托片，必须在第一台与第二台之间；第二托片必须在第三台与第四台之间；第三托片必须在第五台与第六台之间。如果搞错，就不能成为标准的"六台三托一结顶"规则式盆景。当然，整个剪扎过程中的许多细节和技巧不是轻易就能掌握的，我在这里只能说个大概。在恩师的悉心教导下，我终于掌握了这种造型技法。

六台三托一结顶　　　　　　　参天（全国银奖）

问：听说您后来对这个盆景形式"六台三托一结顶"的文化
　　内涵又进行了深入的研究。

答：是的。"六台三托一结顶"规则式盆景创作原理及文化内
　　涵究竟有哪些？我查阅常熟历史资料，但无记载。恩师
　　也只传授了造型技法，且恩师辈老艺人逐一离世，创作
　　原理一时无法解答。我不甘心，开始细细研读传统国学
　　典籍，2008年开始学习台湾曾仕强教授的《易经的奥秘》
　　后，终于参悟了其中奥秘。《易经》是一部凝聚着中国先
　　贤古老智慧的奇书。而常熟苏派规则式传统盆景"六台
　　三托一结顶"造型技艺，就是用《易经》的道理、先贤
　　的传统哲学思想，诠释了古人师法天地的阴阳之道。盆
　　景的整体造型，采用太极中轴S形的图案；统一和谐的

"天人合一"艺术观念，符合《论语》中的"质胜文则野，文胜质则史，文质彬彬，然后君子"的理念；枝干的逢台必曲是在解说老子《道德经》所述"曲则全，枉则直"的道理。十台叶片的铺承讲述了天道与人道，自然与人事相通，迎合了"十全十美"的传统愿望。通过"六台三托一结顶"盆景造型原理与文化内涵，充分体现了中国传统崇尚温良恭俭让、端正大方的审美情趣。

问：通过李桐森老师的传授和您个人的努力，您取得了不小的成绩。

答：我通过自己不断的学习、实践和创作，把盆景作品奉献给大家。通过盆景，把美的享受向社会传递。在这一过程中，我创作的盆景作品，获得了业内各级的肯定和赞誉。这些由我送展的盆景并获奖的有：1992年在南京举办的"海峡两岸盆景研讨会"上，常熟传统技艺的榔榆、地柏盆景获银奖；2000年在江苏省园艺博览会上，常熟传统盆景《玉立》获银奖；2001年第五届中国盆景评比展览上，常熟传统盆景《参天》获银奖；2004中国新沂盆景花卉艺术节盆景展评中，黄杨盆景获金奖，鹊梅盆景、真柏盆景获银奖；2006年在中国长寿杯盆景精品大赛中，《有志不在年高》盆景获一等奖。我在1994年被评为"全国首届中青年盆景明星"；1999年被中国盆景艺术家协会授予"跨世纪中国优秀盆景艺术家"称号。

随着研究的不断深入，2011年11月，我的《吉佩龙盆景集》出版。我的一篇名为《仰望常熟盆景》的文章，在全国盆景界引起注意，中国盆景艺术家协会终身荣誉会长苏本一先生，读后立即撰文《奇才创造奇迹》，并为《吉佩龙盆景集》作序，该序还在《中国花卉盆景》杂志上面向全国发表。社会也给了我很高的荣誉，常熟市虞山镇政府有关部门推荐我作为"虞山人物"而进入常熟电视台专题节目《今日虞山》。董浜镇文联为我成立了"吉佩龙盆景工作室"。2002 年，中共常熟市委宣传部、中共常熟市委农村工作办公室授予我"常熟市农村党员十佳致富带头人"称号。2014 年，我入选常熟市第四批"非遗"项目"苏派盆景技艺"代表性传承人。2016 年，我的"常熟盆景技艺（苏派盆景）"入选江苏省第四批"非遗"代表性项目名录。我认为，这不是我一个人的成绩，是全国同行朋友、常熟盆景界前辈，特别是恩师李桐森先生的帮助和指教的成果。

问：以上您说的都是个人的成就。那么在社会上，您对盆景艺术的推广、发展和传承做过哪些贡献呢？

答：谈不上贡献，主要是做了以下几方面的工作：

一是由我牵头成立了常熟市盆景协会。1986 年，我和常熟的盆景同行商量，一致认为必须先成立协会，通过协会活动加快常熟盆景的发展。大家都推举我先行筹建。我东奔西跑去申请，可群众和领导都不理解，有关方面也不予接受。在困难的时候，得到恩师的鼓励，他要我坚持有耐心。一年后，我再去市科协申请，多次协商，终于得到了认可。1987 年金秋十月，在市政府第一会议室，常熟市花卉盆景协会宣告成立，我被推举为理事长。同时由我们盆景协会举办的市首届盆景展也在市教工之家展出。紧接着，盆景协会在市文化宫举行首届山茶花展，在虞山公园又举行了第二届、第三届盆景展，又组织会员的盆景精品到无锡参加省盆景展。在我们盆景协会的推动下，常熟盆景逐步向人们展现她的风貌。

二是做好群众性的弘扬常熟盆景工作，探索共同致富的道路。1992 年，我在董浜粮管所陆主任支持下，筹建常熟市紫园盆景艺术公司。之后，到我紫园公司来学艺并自建花木生产企业的小老板有五六个。为了发展家乡的苗木生产，我向周边乡村农户免费赠送苗木累计达 10 万多株，1995 年至 1997 年，我连续三年被市政府评为农业先进个人。从此，到我公司交流及指导、学习花木生产的人员日益增多，全市的盆景制作得以规模化展开。而在董浜镇我的"吉佩龙盆景工作室"里，我向社会上更多的盆景爱好者传授盆景造型技艺。另外，我在常熟市老年大学开设"虞山盆景"课程，传授常熟盆景造型技艺，听我讲课的盆景爱好学员共达 500 多人；2015年开始，我被市实验小学、市元和小学、大义中心小学聘为校外专家，开设"苏派盆景"课程。还在周边社区开设讲座，为老百姓赠送盆景素材。

三是有序地向后传承常熟规则式的"六台三托一结顶"盆景技法。在我的一再要求下，我的儿子吉喆跟着我从最基本的细节开始，学习掌握"六台三托一结顶"技法，今年我孙女吉雨来大学毕业，也立志传承常熟苏派传统盆景的造型技艺。另外，我组织了社会上热爱常熟盆景的人员组成一个团队，这个团队人员有企业职工，有个体花木生产者，有退休的领导干部，有企业家，又招收了几个年龄在 40 到 50 岁之间的社会同道者为徒弟，专业做好传承保护工作。对前辈创作留下的"六台三托一结顶"盆景精品做好养护工作，每星期集中一次，组织学习传授常熟苏派传统盆景的造型技艺，加强盆景创作，组织各类参展参赛活动。

问：现在的盆景事业发展状况是怎样的？

答：就目前来看，我市的花木盆景规模化生产单位共有 10多家，在社会经济大气候的影响下，发展趋势仍保持良好。另外还有众多苗圃和个人盆景爱好者。由我创办的常熟市紫园盆景艺术公司共有基地 35 亩，拥有大中小型盆景 4000 多盆，品种以罗汉松、真柏、黄杨、榔榆、银

吉佩龙

杏为主，目前经营状况良好。

问：最后我想问一下，您对常熟未来的盆景事业有什么想法和期望？

答：在目前商品经济冲击下，急功近利、唯利是图的社会现象也不可避免地影响花木盆景业的正常发展。由于学习盆景技艺时间长、难度高、收益差，现在从艺人员少。即使现阶段社会上盆景园的数量有不少，但也是以经营销售赢利为主，缺少对常熟苏派传统盆景"六台三托一结顶"进行专业养护的人员。对此我是心怀忧虑的。不过，我还是相信，随着社会生活水平、欣赏水平的提高，随着人们价值观的逐步提升，常熟盆景和苏派盆景技艺会迎来新的发展机遇。

生命有限，精神无涯。将常熟盆景发扬光大，是我为之努力并将继续努力的终生心愿。

蒋培元

男，1954 年生，苏州吴中区胥口镇蒋家村人。初中毕业后，回乡种植水稻，1974 年起在胥口玻璃厂工作。2005 年开始组织当地厨师 8 人，主营附近村庄红白喜事宴会配菜、烧菜工作。他是蒋家村赤膊抬猛将民俗活动的主要组织、负责人之一。

赤膊抬猛将

口述者：蒋培元

访录整理：沈建东

访谈时间：2015 年 2 月

访谈地点：胥口镇蒋家村蒋培元家

问：苏州地区抬猛将的习俗范围广，传承悠久，胥口蒋家村
赤膊抬猛将尤其有特色，您作为村里抬猛将的骨干和领
头人之一，请您谈谈蒋家村情况。

答：我们蒋家村地处胥口镇东南大约 2 公里多，目前村上有
50 多户居民，以蒋、盛、翁、朱四大姓氏为多。村上的
人一部分开厂，一部分在村周围开饭店，就是农家乐。
我平时主要组织一帮厨师朋友为周围的红白喜事烧烧
菜，生意还好。先前我们周围有不少自然村，木竹岗、

按照传统，各村猛将先抬到
顾家上集中

各村猛将还要到庙头村诸暨
庙拜庙

底田村、杨木桥、庄桥头、吕木坞、谈家里、马家场、
划船浜、前村、沈乡、韩泾上、汤家浜、顾家场、江湾
里、柳家场、走马塘、大杨树头、杨家桥、汲水桥、仇
家桥、横木泾、邱巷、陈巷、太平桥，现在有的已经拆
迁了。我们蒋家村、顾家上、庙头村行政上属于新峰村
管理。我们蒋家村的村民比较团结，不然早拆迁了！大
家心比较齐，我想是因为抬猛将的关系。

问：抬猛将在蒋家村传承状况是怎样的？

答：蒋家村赤膊抬猛将，听我爷爷讲，他小时候就这样了！
　　"文革""破四旧"以后就没活动过，一直到1983年才
　　开始恢复。起初规模不大，有点偷偷摸摸的味道，后来
　　慢慢热闹起来了。这以后，猛将堂也在村里恢复建立起
　　来，原先抬猛将期间蒋家村人最多，后来附近各村陆续

蒋培元

建立起自己的猛将堂，人就没有原来多了，但还是几个村中人气最旺的。各村抬猛将时间不一：蒋家村是正月十三日，低田村是正月初八，旺家桥是正月初六。

原来村里的猛将堂设在人家屋里，具体记不清楚了，老辈说猛将堂里的香炉下面刻有"正德二十七"字样，"破四旧"时，猛将堂里有两箱唱猛将的书，全烧掉了。

问：为什么周围的村庄抬猛将是白天而且不赤膊，而唯独蒋家村是在夜里且要赤膊呢？

答：是的，我了解下来，周围村庄包括东西山抬猛将都是白天，也不赤膊，只有我们蒋家村抬猛将是夜里又要赤膊。我也是听长辈讲过，说明朝末年瘟疫流行，蒋家村的村民害怕得要命，怎么办？大家一起想出来个主意，请猛将老爷出来压压邪气，因为周围村庄有瘟疫而死人，所以抬猛将就放在夜里，村里的青壮年都赤膊，阳气足，敲锣打鼓，抬上老爷在村里奔跑打转。附近村子都是赤脚抬猛将，而且要抢猛将的，我们村子里不赤脚，也不抢猛将。对老爷十分敬重，老爷保佑我们村子没瘟疫，大家都健康。果然，这样做了以后，我们村里没有人得瘟疫，大家相信猛将老爷是好老爷，看我们村里人心诚就保佑我们呢！从此我们村里年年正月十三猛将老爷生日都赤膊抬猛将，一直传承到现在！

问：蒋家村抬猛将整个活动的过程，分成几个时间段？

答：每年正月十三，是我们村子祭祀猛将的重要日子。大体分成两个时间段，白天赐福、烧香，夜里赤膊抬猛将。大清老早六点多，村中的猛将堂就开门，村民中有几位专门负责猛将老爷的人开始要整理抬猛将的一切道具，老爷要穿上大红的披风，抬老爷的轿椅要垫好稻草，上面再垫棉毯，两个男人将老爷小心地抬到轿椅上，固定

夜里的赤膊抬猛将是活动的高潮

牢，两边穿上抬的轿杠，敲锣打鼓，放高升百响，将猛
将老爷请出来，然后抬上猛将老爷小轿子到附近另外一
个村子——顾家上的猛将堂汇合。附近其他村子的猛将此
日也到此汇合，也要放高升百响，烧香拜猛将老爷，然
后各自队伍抬上猛将老爷来到庙头村的诸墅庙，到诸墅
庙拜过后再各自打回转，鞭炮锣鼓声中，再各自抬上自
家的猛将老爷回到村里，接下来马上开始赐福活动。一般
先到村上办企业的厂里去举行猛将赐福仪式，仪式十分
简单。厂里的负责人在猛将神抬来的时候到大门口亲自迎
接，然后对着神像跪拜三次，再给抬猛将的村民一个红
包，仪式就算结束。村民们再抬到另外一家工厂，所有村

上办厂的老板都拜过猛将后，再抬回到自家村里，抬到各家各户屋里接受拜老爷。我们蒋家村人全相信，每年正月十三日上午是猛将老爷到村里人家去视察的时候，轿子转到谁家，谁家要郑重其事接猛将，准备素菜、水果、黄酒三杯，猛将老爷吃全素的，还要供"馒头盘"，每家都早早准备了小红包、拜毯，等抬着猛将老爷的神轿来时则放高升三个，然后主家夫妇拜神，小红包则是献给老爷的礼物。"文革"以前有位老道士跟着游行的队伍，凡是到人家大门口，老道士就念经祝愿，这个喜钱就归他了，现在没了老道士，则归村上的公账。

等各家拜老爷全赐福结束，在村里有个较大的场地，将老爷神像放在那里，村民陆续来烧香礼拜。除了盛装的猛将端坐轿中，旁边还有两位老爷，我们称他们"小老爷"，也打扮一新，说是猛将的护卫，又说是猛将的外公和舅舅，陪猛将老爷的。

村里的人家开始请亲眷朋友吃酒吃饭，这个时候，村里到处都是饭菜飘香，我们当地人称"吃肉饭"，村里过年走亲戚请客吃饭都是在正月十三这个日子，而且来到屋里的人越多越旺，说明人多财气旺。到夜里8点正式开始赤膊抬猛将。

酒足饭饱后，8点整吉时良辰到，村上老爷享受香火的场院上，8位中青年男人，赤裸上身，我们称为"赤膊裸"，抬起猛将轿子，前有1人赤膊敲锣开道，绕着村上的主路跑3圈，再换成另外8个赤裸上身的壮汉，如此五六次，直到没有人志愿赤膊上前为止，轿子中间不能落地，换手的时候也不能落地。村里刚结婚的新郎官第一年一定要参与"赤膊裸"抬老爷，来吃年酒的村上人家亲戚也都可以参加，但租住在村中的外地人一般不参加。最后是高升百响请猛将老爷欣赏，让老爷开心，保佑全村发财健康，活动到夜里9点多结束。

蒋家村供奉的"龙馒"　　　　诸墅庙里供奉的"龙馒"

问：正月十三抬猛将要准备些什么供品？有什么讲究？

答：我们家屋里供桌上供的是糯米做的圆形糕点，1个大的，1个小的，16个一样大小的，都是圆形的，寓意六畜兴旺，加起来是18个，寓意实发，即实实在在的发财。上面红颜色的印花漂亮吧！我们称它"龙馒"，另一只碗里还有干金针菜、木耳、香菇、粉丝等，还有一个盘子里是苹果、橙子等水果，不能忘记还要在"龙馒"里面放两元钱，叫"喜钱"，给猛将老爷。现在的"喜钱"归村上公账。村里还要做大的"龙馒"放在村里广场供奉猛将，谁烧香，管理这个"龙馒"的老太太就会给这人一块"龙馒"、一个荸荠，龙馒代表老爷赐福，荸荠代表元宝，寓意吉祥发财。

蒋培元

问：听说这一带原来有个总庙叫诸墅庙，在庙头村，供的是任环老爷，做过明朝苏州府的同知，是抗倭将军，届时所有各村的猛将都要到总庙报到，任环老爷的像是青石雕成的，"文革""破四旧"砸毁了。现在你们抬猛将还去诸墅庙吗？

答：这段历史我听老辈说过，在明代嘉靖年间，朝政腐败，内忧外患。我们苏州是鱼米之乡，日本人那个时候叫倭寇，经常来捣乱抢东西。任环做过现在说起来是苏州军分区副司令，讲他来到太湖，招募当地人做乡勇，加以训练，任环还张榜告示，发动百姓、绅商们捐钱，在太湖洞庭东山建有船厂，专门打造 40 艘双帆战船，来和倭寇斗，他是保境护民、立下大功勋的民族英雄。做了好事情，老百姓一直记得他，我们太湖一带百姓对任环老爷一直十分怀念，建有祠庙，烧香拜伊，原来还有青石雕的任环像，"文革"破坏掉哉！那个时候各村的猛将神都会去拜任环，这个习惯一直传承下来。如今，每年正月十三各村都会抬自家村里的猛将老爷去向任环老爷报到，然后再回村里抬老爷打转到各家赐福。

问：您是什么时候作为骨干开始参与到抬猛将活动里来的？

答："文革"结束后到 1983 年，村里老一辈商量想恢复老早的抬猛将老爷的活动，我那个时候 30 岁，在胥口玻璃厂工作，好在那个时候村里的老一辈都很清楚抬老爷的事情，怎么准备，有些什么道具，神像到哪里去定做，活动开始如何，结束如何，老一辈讲，我年轻就跑腿，全村出资，大家一道努力，抬老爷的道具慢慢就备齐了。1990 年村里建成一个猛将堂，有了猛将老爷的基地！初一月半村民烧香，抬老爷的家什也有地方存放。后来堂里又请了个观音菩萨，村民开心，不出村子也好烧香了！

蒋培元（左三）在家中接受采访　　　　　　　蒋家村的猛将神像

问：您是每年抬猛将仪式的组织人之一，你们主要负责些什么？是村民公推出来的吗？

答：在我之前上辈负责人就将村民组织起来了，这个人叫汤全根，活着今年有90多岁（2001年去世）。1963年正月里，村里抬猛将，汤师傅跌破膝盖，抬猛将老爷跌破也不会化脓的，不久就痊愈了，大家都说猛将老爷帮忙看护，心诚则灵。1983年的时候，村民中威望最高的几个人商量，后来推举出来做事勤快、人品公正的村民，现在有四五位村民组成负责的班子，大都是男人，只有一个妇女叫盛阿六，今年60岁出头了，还有汤全根、我、盛金男、汤玉如。我们主要负责收取捐资、购买供品，给老爷重新油漆、开光、换披风、装饰猛将堂等的开销和次序维护等工作，完全是义务的。每年年头上每家人家志愿出资，不限多少，一两百元都可以，活动仪式用去多少均上榜公布，猛将堂对面墙上每年活动开始前，都会张贴红纸，上面有捐资姓名和开支明细。今年开始，村民公选有年纪轻点的如50岁的翁建林、40多岁的盛建东开始进入猛将活动负责小组，接下来主要让他们多参与活动组织工作了。我们村主任顾建国，每年都参与组织支持活动。

问：赤膊抬猛将作为区级非物质文化遗产项目，如何一代代传承是我们最关心的问题，蒋家村这个抬猛将活动，年轻人参与度这样高，您作为骨干传承人在传承方面是如何做到的？

答：20世纪90年代村民人人参与，大家开心。转折发生在21世纪初，胥口镇工业经济发展得快，周围工厂建的多起来，村民有的进城做生意、打工，甚至在城镇买房子住下来，有的开厂做老板发财了，正月十三抬猛将老爷有的人就不想参加了。我就带人挨个上门做工作，我就是想让所有的村民都参加进来，人心不能散！而且，按照村里老规矩，每家要出个男丁出来抬猛将老爷打转，有的人家关门不出人，我就上门劝开门、做工作，劝人家参与进来，劝大家开门欢迎来村里看抬猛将的人，家家户户请进来吃饭，现在大家形成村风，谁家人气旺就是财气旺。有的村民搬出去了，我们就开车抬上猛将老爷像送福到家，现在村民已经形成风气，到正月十三村民都会自觉回村"吃肉饭"，男人们还会赤膊抬猛将，村里人应该有个精神核心，村民的凝聚力不能散。

问：其他地方比如吴江芦墟、浙江嘉兴正月十三唱赞神歌，蒋家村有吗？当地有关于猛将老爷的民间故事吗？

答：我们这里抬猛将从来不唱的，农历七月里所谓的抬猛将，老爷是不抬出来的，只是请堂名、宣卷来猛将堂唱一下，俗称"抬一抬"。

我们这里的民间传说，猛将出生后娘就死了，父亲讨了个晚娘，养了个兄弟，晚娘处处刁难猛将，小兄弟却处处维护猛将，后来猛将到娘舅家去生活了，头上扎了个布，是因为放牛跌破了头，猛将还处处利用自己的神力为乡亲做好事，后来得道升天，带去了一个兄弟、两个长辈，一个是自己的娘舅，另一个是自家的外公。

问：我看见在猛将堂和有猛将神的地方，村里的妇女在跳打连厢之类的民间舞蹈，她们是你们猛将负责小组组织的还是自发的活动？

答：她们自己平时都自发组织练习，在正月十三这一天都会到猛将堂去跳舞祝贺老爷生日，她们有自己的头头，我们只要讲一声就可以了。我们附近每个村都有这样的妇女自发舞蹈会，每年春天还会组织去杭州、苏州附近的观音山、上方山烧香拜老爷，并在老爷殿前跳舞打连厢，以示虔诚。

问：当地政府对赤膊抬猛将是什么态度？

答："文革"刚结束的时候，受左的思潮影响，还不让搞抬猛将活动。20 世纪 90 年代后，思想解放，逐渐地，当地政府也不制止了。2013 年，你们来搞民俗调查，带来了电视台的人拍摄上了电视，全苏州的人都知道蒋家村赤膊抬猛将了，知道我们村子赤膊抬猛将是民俗文化特色，政府有关部门来看过后，街道文化站上报吴中区成了区级的非物质文化遗产了。今年春天，我们还第一次走出村子，来到西山明月湾参加吴中区非物质文化遗产的展示活动。我们认为既然成为文化遗产了，我们蒋家村每个村民都有参与的责任了，今后要做得更好才对。赤膊抬猛将的民俗活动慢慢地还可以带动村里的农家乐和其

蒋培元

他产业发展，我们村里要在区、镇的带领下，把这个符合村民人心的民俗活动搞好、传承下去！

附录：

任环（1519—1558）字应乾，号复庵。山西长治人。明嘉靖二十三年（1544）进士。历任广平、沙河、滑县知县，官至山东右参政。明嘉靖三十年（1551），任环就任苏州府同知，施展才干，率领军民，抵御倭寇，保境安民。

诸墅庙：胥口庙头村诸墅庙原来是供奉任环的。采访当日下午，笔者前往庙头村，在庙头村的诸墅庙，看到墙上石刻有《诸墅庙缘起及禁约》，全文如下：

本区诸墅庙向奉前明任光禄公环遗像，并祀猛将神。每遇水旱灾荒，虔祷辄应。兵燹后庙像改易，然同治十三年尚有借水胥王庙古事传为美谈。今更修庙宇而祀之，惟神生前力御倭寇，累立大功，殁后乃血食苏乡，尤多灵感，此庙祀之缘起也。

禁约文，辅助疏村于后。

本庙此次演剧为更正祀典，崇拜先贤，并答借水救旱之神力，是以乡民乐为保赛，况六十年来仅此一举，敬神谢神，何等郑重，倘有无智乡民在场赌博藉端滋事者，定即送官究治或公同议罚，特此通知。

中华民国二十三年十月日立。

吴县五都七图、六都三图乡民等公启。

木竹岗、底田村、杨木桥、庄桥头、吕木坞、谈家里、马家场、划船浜、前村、沈乡、韩泾上、汤家浜、顾家场、江湾里、柳家场、走马塘、大杨树头、杨家桥、汲水桥、仇家桥、横木泾、邱巷、陈巷、太平桥。

蒋雪英

女，1933 年 10 月 27 日生于苏州。1979 年，被评为全国"三八"红旗手；1993 年，被授予"中国工艺美术大师"称号；2005 年，荣获中国工艺美术终身成就奖；2012 年，被文化部命名为国家级非物质文化遗产项目苏绣代表性传承人；2016 年 6 月，当选为第三届"亚太地区手工艺大师"。

一生奉献苏绣事业

口述者：蒋雪英
访录整理：樊宁
访谈时间：2016 年 6 月 21 日
访谈地点：史家巷 32 号苏州蒋雪英刺绣有限责任公司

问：2016 年 6 月，您当选第三届"亚太地区手工艺大师"，请
　　介绍相关的评选情况。

答："亚太地区手工艺大师"由联合国教科文组织下设机构世
　　界手工艺理事会评选，表彰优秀的亚太地区手工艺从业
　　人员，参选者必须为 60 岁以上、从事传统手工艺制作 30
　　年以上，堪称世界工艺行业的终身成就奖。

问：您每天朝九晚五上下班，此外，还要定期到苏州技师学
　　院、苏州市田家炳实验初级中学讲授刺绣，忙碌丝毫不亚

于年轻的上班族，能介绍一下您的作息时间表吗？

答：我与年轻人的生活方式相近，每天 6 点半起床，8 点 10 分拎着饭盒出门上班，中午将饭菜在微波炉上热一下，中餐就对付了，17 点下班。

问：您计划何时退休？

答：我至今仍然没有退休计划。工作是种乐趣，身体允许的话，我还要为后人多做点。

问：中国工艺美术大师、中国工艺美术终身成就奖获得者、国家级非物质文化遗产项目苏绣代表性传承人，您如何看待自己获得的这些荣誉？

答：我几十年来也就做了开拓创新、传承苏绣两件事。

问：将苏绣艺术与日本刺绣巧妙融合于和服腰带，使中日文化有机交融，是您的一大创新。仿照中国隋唐服式改制的和服，是日本传统民族服装。您根据和服腰带的不同图案，在中国传统针法的基础上，吸收日本传统刺绣风格、理念、针法，丰富了和服腰带的文化内涵，是您的突出贡献。请您详细介绍这方面的内容。

答：1969 年，我从苏州刺绣研究所下放到老家吴县胥口镇蒋墩村，先在胥口镇刺绣发放站当负责人，1972 年 9 月调到吴县刺绣总厂，一干就是 30 年，担任副厂长近 20 年。我先是负责创作设计组，指导并参与绣制赴香港参展的刺绣挂屏《荷香鸭肥》《梅花欢喜漫天雪》，作品在香港大受好评。

1973 年前，日本从事和服腰带绣制的人极少，和服腰带刺绣、手绘大部分发到韩国。1972 年，中日两国正式建交。翌年，日商即到上海寻求和服腰带生产厂家，上海外贸公司委托江苏南通、扬州、苏州的 4 家工厂试样。

蒋雪英

当时，吴县刺绣总厂的主打产品是生产任务充足的抽纱绣花台布，当我从上海接来和服腰带试样任务后，议论声四起，"绣制成千上万块台布只需一个花样，而绣制和服腰带一件一个花样，纯粹是自找麻烦"。面对非议，我坚信多开发一个产品，工厂就多一个发展机遇，力排众议，从确定色彩、估工报价到安排生产独自完成，拿出的和服样品亮丽鲜明，以70%的试样选中率承接了上海外贸公司大部分和服腰带订单，从此，我与日商长达43年的贸易往来从此开启。现如今，和服腰带绣制主要在中国，以苏州为盛。

起初，吴县刺绣总厂在试样时，认为和服腰带是高档品，图案不分主次，基本上都采用散套针法，片面追求精工细绣，工时陡增，成本增加。我经过摸索，将和服腰带的日本生产工艺与苏绣传统绣法巧妙融合，移植了20多种日本针法，如匹田绣、管绣、带子针、刺子绣、盘线绣、押绣、竹屋町、穿泊绣等。苏绣原来有30多种针法，常规的苏绣劈线细，虽美观却费工而且不耐磨，与要求美观、实用的和服腰带相左，我大胆采用不起毛的打籽绣针法，同时运用既省工又可防止长线起拱的匹田绣，将中日刺绣针法融会贯通，解决了这一难题。

在色彩的运用上，和服腰带的用色和苏绣的传统方法不同，如花和叶的用色，苏绣一般是红花绿叶，而和服腰带必须根据底料颜色运用色彩，如在灰色底料上，花宜用深红色。

问：面对大量外贸订单，您是如何应对的？

答：发展了通安镇、东渚镇、长桥镇等6个加工点，拥有绣工300人，完成外贸收购额78.9万元。1976年，我洽谈成交和服腰带6752条，外贸收购额110.4万元，绣工发展至500人。1977年，我当选江苏省劳动模范。1986年，被评为江苏省出口创汇先进个人。

问：您有哪些得意之作？

答：1978年，我试制成功由日本服装设计师桂由美定制的刺绣晚礼服。1979年，我出席全国工艺美术创作设计艺人代表大会，我绣制的何香凝画的《梅花》、宋人画《菊花》等作品在会上展出，深受好评。我指导绣制的《东方曙光》挂屏，灵活运用平绣、打籽、虚实针、滚针等多种针法，粗细对比强烈，此挂屏在第三届中国工艺美术博览会上荣获中国工艺美术百花杯金奖。同时获得银奖的

蒋雪英

《水墨葡萄》挂屏，画稿系邓小平之女邓林所画，传统绣法或者全是平绣，或者全是打籽，而且打籽的大小缺少变化。我突破传统，将平绣与打籽融合一体，虚实、大小变化，直至滴针。

问：您撰写了哪些相关文章？

答：我忙里偷闲研究中国传统刺绣在日本民族服装领域的应用与发展，1980 年，编写的《论和服腰带的生产和针法改革》在全省推广。我制定的《"姑苏牌"刺绣和服腰带企业标准》由苏州地区经济委员会发布。1984 年，我撰写的论文《改进刺绣工艺，抓好质量管理，争取多创外汇》在全省行业中得到高度评价。同年，我出席了江苏省第七次党代会。

问：日本和服效益滑坡，您及时开发了哪些新工艺？

答：我将刺绣与手绘相结合，减少人工，并开发了旗袍、鞋面、披肩等刺绣新品，1989 年，这些日用刺绣在首届北京国家博览会上获得金奖。2008 年，我在和服腰带基础上设计改装的和服，即上身是和服，下身是裙子，还推出赴皇宫盛会的舞衣、和服外面的披肩等新款，设计新稿 60 余个。2012 年 7 月 18 日，我参加江苏省工艺美术创作创意设计市场开发国际研讨会，选送了《观音菩萨》《势至菩萨》《云龙图》3 幅绣品。2012 年 4 月 13 日，江苏省人大常委会办公厅特聘我为北京人民大会堂大型苏绣作品《江南春早》刺绣专家组艺术顾问。

问：37 年间，您 43 次访问日本，足迹遍布 169 个城市。请您详细介绍您的日本之行。

答：1977 年 9 月，中国苏州刺绣美术展在日本举办，我时任吴县刺绣总厂生产科长，首次访日，在镰仓市，与刺绣专家秋山光男先生切磋技艺。在东京、大阪、京都、名古屋、神户、横滨、奈良等市展出的既有双面绣插屏、屏风，更有300余条图案各异的和服腰带，格外引人注目。

从此，我应邀频繁访问日本。1981年11月，第2次访日，考察市场，洽谈业务。1984年5月，第3次访日，到安来、新潟、长野等7市展览22场次。1999年10月25日至11月8日，第19次访日，札幌市隆重举办"庆祝蒋雪英工作60周年纪念会"——我6岁接触刺绣至此60载，并为我庆祝生日。2003年5月7日至6月30日，第24次访日，从此以后，由原来的江苏外贸丝绸公司组团，改为苏州蒋雪英刺绣有限公司组团，到了青森、八户、武生、长崎、鹿儿岛等12市。2005年5月9日至7月12日，第27次访日，这是我历时最长的一次，在小田原、大东、大阪、那霸等13市举办春季刺绣展。同年11月9日至12月12日，第28次访日。2007年5月10日至6月20日，第31次访日，在本庄、广岛、彦根、大村等8市举办春季苏绣展"蒋雪英的世界"。同年9月12日至9月30日，第32次访日，举办中日邦交正常化35周年秋季苏绣展"蒋雪英的世界"，在鹿儿岛、姬路等4市巡回展出。2014年9月17日至30日，第43次访日，在广岛、佐贺、京都三市展览和服、腰带、画片。

问：这本硬皮封面的笔记本工工整整地记满了您43次访日的日期、行程、任务、交流情况等内容，浓缩了37年间的访日之旅，很有价值。

答：在日本，每天临睡前，我都将当天的情况详细记录，同行的女工笑我"老太太哪有那么多东西写"。趁现在还跑得动，我要竭力宣扬苏绣艺术。

问：桃李遍布刺绣行业用在您身上恰如其分，您传承苏绣艺术的历史可以追溯到何时？

答：我传承苏绣艺术的历史可以追溯到 1960 年，是年 8 月，成立伊始的苏州刺绣研究所迎来了前来实习的南京艺术学院织绣班的大学生，我仼辅导教师。1961 年至 1965 年，我担任苏州刺绣研究所刺绣专修班（中技）副班主任兼辅导教师，前后所带 2 个班共计 108 名女学员，人称一百单八将，多有建树，其中张美芳如今已是国家级非物质文化遗产项目苏绣代表性传承人。1986 年，我被聘为苏州市经贸管理干部学院 1986 届毕业生论文指导老师。

问：严师方能出高徒，您是如何培养人才的？

答：我善于做实事，不辞辛劳地培养人才。在吴县刺绣总厂，我带的 50 多名徒弟全成了刺绣骨干，如今虽已五六十岁，但仍是众多绣庄争聘的技术顾问。徒弟不仅要精通刺绣，还要懂业务，即使外出与外商洽谈业务，我也采用师傅带徒弟的方式，促使他们用心、用脑，领悟了再传授给绣娘。就这样，我培养了 10 名技术与管理兼备的骨干。

问：您是如何向乡间绣娘传授绣技的？

答：苏州民间蕴藏丰富的刺绣资源，各种针法呈地域分布。打籽只有长桥镇的绣娘会，而打籽的订单需求远超出长桥镇的供应量。我提出在其他区域发展打籽，首先选择渡村镇，让渡村镇刺绣发放站长沈惠琴物色了 25 名绣娘，她们每人自带绷架，集中在宽敞的厂房，我手把手教她们如何打籽，并挑出 2 名打得好的绣娘再到长桥镇取经，之后，凡是打籽的活儿由她俩先做，其他人跟着照做。再后来，渡村镇有 50 名绣娘成了打籽好手，挑起了三分之一的外贸打籽任务，最终与长桥镇难分伯仲。1983 年，吴县刺绣总厂的打籽绣腰带获外贸部成果展览会出口产品优质荣誉证书，"彩异盘金新工艺"在江苏省轻工业科技成果和四新产品评比中获省科技成果表扬。

问：以点带面、滚雪球，是您独创的辅导绣工新法，您能以抽拉雕技艺的传播详细介绍吗？

答：1982 年，一位日商来到吴县刺绣总厂，要求和服腰带采用抽拉雕针法，交货期只有 3 个月。"抽拉雕从未接触过，要重新辅导绣工，麻烦，弄不好要亏本"，他在苏州碰了一鼻子灰。我当时正在南京与日商洽谈业务，他心有不甘，赶到南京向我求助，我给他吃了定心丸，"他们不行，我行"，立即赶回苏州。

抽拉雕乍看与勾针相似，但比勾针更细腻、繁琐，最初在广东汕头普遍使用，苏绣之前罕用。我是拥有 20 多人的试样车间负责人，一有新针法，总是带头试制，试制成功，再下去辅导绣工，直至掌握，之后，每星期下去一次重点辅导。此次，我先画出图案样子，在图案上试验针法，摸索出抽拉雕技术，再画出客户定制的图案，发给绣工。万事开头难，我先在望亭镇传授，又到渡村镇发展了 80 多名抽拉雕好手，按期漂亮交货，刺绣新工艺抽拉雕针法从此推广。仅当年，就在苏州农村建立了 22 个刺绣集中工场，绣工达 5000 人。

问：苏州乡镇的村村户户留下了您的足迹，其他刺绣针法您是如何传授的？

答：之后，日本客商又发来惯常不太采用的乱针绣和服腰带订单。厂里有人对此有畏惧感，我阐明利弊，"乱针绣用于和服腰带是一种新的尝试，如果不做，就要丢掉好不容易培育的市场"。"谁去辅导绣工？"有人质疑。"我去辅导"，我挺身而出，下到各乡镇刺绣发放站，手把手教会乱针绣针法。每遇新针法订单，我总是率先垂范，再

蒋雪英

蒋雪英指导绣制的孔雀盘金打
籽礼服小样上的孔雀

蒋雪英指导绣制的专为日本国公主
订制的金银线狮子留袖和服

带技术骨干下到各乡镇刺绣发放站。接活的绣女集中而至，每批四五十人，每人一个绣绷，我耐心讲解新针法要领，从上绷开始，挨个指点，之后至少还要下乡再面授 2 次。我以滚雪球方式教会万余名绣女和服腰带刺绣技艺。她们靠着一针一线辛勤劳作，盖起了楼房，妇女的地位也提高了，这是我最自豪的事。

问：农村绣娘普遍文化水平不高，您是怎样以浅显易懂的方式使她们掌握和服腰带操作要领的？

答：和服腰带从原料进来到加工完成出厂，要经过 10 道工序，我将每道工序都制定岗位责任制，于 1978 年编写了朗朗上口的《刺绣和服腰带操作口诀》："和服腰带绣得好，上好绷子很重要；卷绷两头四边齐，踏绷上下左右牢；绷面一定要平整，横拉切莫超门幅；上好绷子对图案，马马虎虎弄勿好。"口诀浅显易懂，绣女们很快上手。

问：您平素笑容可掬，唯独在质量上毫无通融之处，听说绣女私下抱怨您要求严格。

答：是有这么回事。绣女私下说"做别人的绣活都好说话，怎么偏偏蒋厂长疙瘩得要命"。我之所以在质量面前毫不通融，是因为次品到头来砸自己的牌子，我绝不能坍苏绣的台，绣品质量在我这关通不过，情愿不出去。

问：您一辈子从事刺绣，最难忘的是什么？

答：我最难忘的是把心血都倾注于和服腰带刺绣，20 世纪七八十年代，下乡辅导绣女的条件异常艰苦，很多乡村地处偏僻，交通不便，我凌晨 3 点就起床，头顶星星赶路。一次，刚走到穹窿山脚，瓢泼大雨倾盆而下，浇了个透心凉。到地处太湖的镇湖镇，我从苏州城里坐车一路颠簸到东渚镇，再换乘小船，一去动辄三四天。

问：听说那时下乡不仅没有补贴，车费、住宿费、餐费全是自掏腰包，你为何乐此不疲？

答：这很正常。我自备云片糕等干粮，吃住在乡下小旅社或乡镇刺绣站，不通电，夜晚就点盏昏暗的煤油灯照明。有两次发高烧，我仍硬撑着进村串户，家事、子女无暇顾及，全丢给丈夫孙天中。

问：为什么培养年轻人成了您晚年的重要工作？

答：民间技艺从业者青黄不接是社会普遍现状，我为此焦虑，希望能发挥余热做些实际工作。2009 年 4 月 23 日，我接过苏州技师学院传统工艺技术传承刺绣专业企业教学咨询官证书。我与学院共同制订教学计划，每星期上 3 天课。

问：听说这种研究与实践相结合的模式受到了教育部领导的肯定？

答：2013 年 3 月 7 日，我正在苏州技师学院传统工艺技术特艺班上刺绣课，适逢教育部领导视察大师传承与院校教学相融合培养模式，走进课堂，我汇报了特艺班学生的学习成绩。

问：您是如何培养这些大专生的？

答：5 年间，我手把手地教学生如何上绷，从最常见的平绣基础针法教起，既而逐一传授斜绕、绕针、滚针、切针、拉辫子、拉梭子、平戗、反戗、套针、集套、木梳套、打籽、满金、虚实金、人字、辫子针、鸡毛针、散和针、散套、施毛针、包葡萄、戳纱、滴针、匹田、管绣、打格网绣、竹屋町、网绣、缂锦、抽拉雕、乱针、扣边针、单扶梯、双扶梯、骨洞针、珠宝针等针法。

问：您将 60 种日本和服刺绣小样针法及其名称绣制在布料

上，做什么用途？

答：2015 年底，我整理了 60 种日本和服刺绣小样，绣制在布料上，其中，中国针法 47 种，日本针法 13 种，交给中国丝绸档案馆作为资料。我又指导徒弟绣制了多幅同样的针法集锦，作为苏州技师学院学生的针法入门教案，继而教授学生把诸多针法灵活运用到作品中，如画稿山茶寿带的针法运用。

问：苏州技师学院展出的传统工艺技术特艺班学生的每幅刺绣作品旁都张贴着您用娟秀的字体写的作品赏析，它起什么作用？

答：每位学生作品完成，我都要写作品赏析，画稿、针法、丝线颜色、绣技等逐一点评，交给学校，张贴在展示的绣品旁，以供观摩。

问：请您介绍一下在苏州技师学院收徒的情况。

答：苏州技师学院传统工艺技术专业每年招生一次，2009 年 10 月 16 日，举行传统工艺大师传承班授徒拜师仪式，2010 年 7 月 4 日，举行第二次授徒拜师仪式，我郑重收下徒弟许国青、王昱萍、卞兆温、濮雨婷。令人尴尬的是，2009 年，传统工艺技术特艺班刺绣专业原定招收 20 名学生，结果只有 3 人报名，远不如受市场热捧的玉雕火爆。2010 年，刺绣专业学生降为 1 人，之后 4 年，每年均只招收了 2 人。

问：您带的 4 名学制 5 年的徒弟先后大专毕业，她们的现状如何？

答：第一届学生绣技尤其出色，达到五级工水平，双面绣做得有模有样，脱颖而出的王昱萍还于 2012 年跟随我到日本表演刺绣。令人遗憾的是，4 名徒弟毕业后无一人从事

蒋雪英

刺绣，而是分别做了服务员、会计、幼师，因为刺绣收入低，吸引力小。

问：您是何时到苏州市田家炳实验初级中学授课的？

答：2011年5月11日，我又被苏州市田家炳实验初级中学聘请为姑苏吴文化传统工艺技术刺绣课指导教师。初一、初二女生自愿报名兴趣班，每个星期上课，我亲自授课，深入浅出地介绍苏州的传统工艺——刺绣的应用，讲授刺绣的基本针法，从平绣教起。

问：您已年过八旬，为何不像其他老人一样在家安享晚年？

答：虽然授课耗费了大量时间和精力，但我投入了满腔热忱，传播苏绣艺术是我毕生追求的事业。

问：您深厚的苏绣造诣源自长期不懈地博采众长，厚积薄发。您的成长经历是怎样的？

答：1933年10月27日，我出生于苏州市吴县卫湖乡（现为胥口镇）蒋墩村，父亲蒋荣根是名能干的泥水匠，兼开肉铺，冬天还宰羊，家道足可糊口。母亲蒋桂珍未婚时从苏州城逃难到乡下。我6岁就跟着母亲学刺绣，帮大人穿针引线、劈线、理乱线，绣树干、山石。10岁时，母亲病故，我就跟着擅长刺绣的堂姐蒋传根学习绣技。堂姐也是苦命人，是遗腹子，4岁时母亲又过世。我的父亲十分善良，将她接到家里过活。住在对门的朱凤娣是刺绣好手，很喜欢我，让我将绣绷搬到自家，绣制枕套、被面、鞋头花等，随时指点。我边读书边刺绣，13岁时逐渐掌握了接针、辅针、套针、鸡毛针等传统刺绣针法。

父母生养了一子二女，我出生时，哥哥即已夭折，妹妹3岁夭折，剩下我这根独苗，宝贝异常，先是送到姚舍村的私塾，跟着许子培先生读了2年，又转到蒋墩小学。我成绩好，听话，又热心班务，很讨班主任陶佩运喜欢。读完5年级，继母发话："女孩子迟早要嫁人。"不肯让我再读书，并为我定亲，男方家是开店的，2年后男方病亡，婚事自然黄了。1950年，我任蒋墩村妇女主任，兼任扫盲班教师，夜晚教农村妇女认字，4年后又任卫湖乡妇女主任，这些工作全是义务的，没有分文报酬。公私合营后，父亲成为香山供销社职工，家里全靠他的工资过活。父亲很开明，全力支持我的工作，但继母闲言碎语，我在工作之余，总是识相地抓紧刺绣，绣制被面、枕套、鞋花、睡衣、马褂等贴补家用，绣活交到刺绣发放站总是博得表扬。

问：您是怎样走上专业的刺绣之路的？

答：1954年10月，苏州地区在因果巷34号举办为期3个月的刺绣训练班，传授朱凤首创的"散套"针法，刺绣名家朱凤、傅元忠授课，我被香山刺绣发放站推荐去学习，同年8月8日我加入了中国共产党，积极上进。

问：请您谈谈从乡镇调到市区工作之后的经历吧。

答：1956年9月，中国组团参加英国伦敦国际手工艺术品和家庭爱好品展览会，要挑选1名党员既能表演苏绣，又能介绍针法，组织上本来要我去，为此同年1月，专门将我调到位于史家巷32号的苏州刺绣工艺美术生产合作社重点培养，由刺绣名家李娥英专门帮教，为赴伦敦做准备。我生怕自己不能胜任，有负众望，因而举荐顾文霞赴伦敦表演。

问：苏州刺绣工艺美术生产合作社名师会聚，您虚心好学，一定如鱼得水吧？

答：经任嘒閒、周巽先、李娥英、周爱珍等名家悉心指点，我的绣技有了长足进步。我一面进修技术，学做猫、花、鸟等作品，一面任刺绣宋锦社与苏州市刺绣工艺美术合作社联合支部的临时党支部书记。1958 年，苏州刺绣工艺美术生产合作社与苏州市刺绣工艺美术研究室合并，我任团支部书记兼实验工场副主任，并负责刺绣发放。在此基础上，苏州刺绣研究所于 1960 年 2 月成立，它是中国以研究苏绣为主的专业机构，集中了最优秀的苏绣名家，成为滋养我苏绣艺术的沃土。1961 年至 1965 年，我担任苏州刺绣研究所刺绣专修班（中技）副班主任兼刺绣教师。教学的同时，我好学不倦，1966 年，由傅元忠、周爱珍、周巽先等老师指导，绣制的双面小猫、人像小孩以其栩栩如生深受好评。

问：您身为苏州市绣女中第一位共产党员，是如何以行动践行"为人民服务"的宗旨的？

答：42 年来，我立下誓言："领导广大绣工，打好经济上的翻身仗。"苏州有绣女 10 万人，刺绣是农村妇女的传统家庭副业。1973 年前，苏州广大农家绣女经济拮据，主要靠地里刨食，零星接点工价低的绣活度日，自从接和服腰带刺绣后，因其工价高、绣活稳定，从此告别农活，专心致志绣制和服腰带，收入也水涨船高，在她们眼里，绣制和服腰带经济来源稳定，工钱有保障，是既轻松又实惠的"好生活"。吴县刺绣总厂培养的能够绣制和服腰带的 2 万多名农家绣女因此走上致富之路。

问：常言道近水楼台先得月，您的经济收入如何？

答：42 年间，如果我在为公家打拼和服腰带市场时，顺便为自己谋点私利，如今早已是亿元富翁。事实上，我依旧过着恬淡的生活，靠微薄的工资度日。1973 年，我的月工资只有 36 元，1996 年起 6 年间，我承包吴县刺绣总厂和服分厂后，每年上交数百万元利润，而我每年的奖金最高也不过 2 万元。如今，我每月退休工资 4500 元，在自己的公司，我则与退休员工一样只拿 1600 元。有人嘲讽我："你为国家拼死拼活，也没有发财。"每人有自己的人生追求，别人发财我不眼热。

问：您如何看待苏绣市场的现状？

答：苏绣是真正的传统工艺，可一些苏绣艺术品沦落到连实用品都不如，以前就连被面这样的实用品都绣制得一丝不苟。刺绣行业应提高品位、狠抓质量，切不可靠拼命杀价恶性竞争，将苏绣做滥，砸了苏绣的牌子。刺绣全部散在民间，要发展刺绣有困难，因为民间迫于生存压力，首先要设法赚钱，在资金、技术、水平上都存在诸多困难，没有精力致力于创新，如果没有政府的扶持，单靠民间力量发展、创新，苏绣艺术困难重重。

问：公司亟待解决的问题是什么？

答：厂房就是我亟待解决的首要问题。希望政府能够出台扶持传统民间艺术的方案，譬如规划一块地，统一建造厂房、工作室，以优惠价格供应民间工艺大师，以解除他们经济实力不足之难。2004 年，苏州市政府为全市 4 位刺绣行业的中国工艺美术大师挂牌成立工作室，为每人提供 1 万元，我也在其中。遗憾的是，"蒋雪英刺绣技能大师工作室"授牌后，就寂寞地立在墙上，成了被人遗忘的角落。苏州蒋雪英刺绣有限责任公司只能顾及吃饭问题，潜心于苏绣艺术的整理、创新，对于我是心有余而力不足。

问：2015 年 2 月 12 日，您为何向中国丝绸档案馆慷慨捐赠了与丝绸相关的档案 46 箱，近 2000 件珍贵档案？

答：我捐赠的这些档案从和服腰带设计稿、日式家用刺绣系列，到精品力作《富士山》等，记录了吴县刺绣总厂生产和服腰带的发展过程。这些珍贵的档案一直堆放在公司里，我缺钱支付厂房租金，处理舍不得，也没有力量使用了，捐赠给社会无疑是最好的出路。

问：您全然不像年逾八旬的老人，心态十分年轻，您有何秘诀吗？
答：不上班，待在家里等老，心态就真的老了。苏州共有 14 位中国工艺美术大师，截至 2015 年，已有 4 人离世，这 14 人中有 6 人在刺绣行业，唯有我从事的是实用刺绣，现在停下来，难分难舍。

问：您的未了心愿是什么？
答：开店容易收摊难，我的未了心愿是支撑到公司员工安然退休，使她们拿到退休工资，后半生有保障，否则她们半途失去工作，到哪里再觅饭碗？除我外，14 名员工也已是知天命之年。

问：您如今面临的最大困难是什么？
答：我如今面临的最大困难是缺乏资金。员工月工资 2000 多元，没有吸引力，全靠年底多发奖金留住人。620 平方米的厂房年租金 22 万元。

问：您的年华和才智毫无保留地献给了苏绣艺术，扬名东瀛，为祖国赢得声誉，国家给予您哪些荣誉？
答：1979 年，我被评为全国"三八"红旗手；1993 年，被授予中国工艺美术大师称号；2005 年，荣获中国工艺美术终身成就奖。

金
声
伯

男，1930年生，江苏苏
州人。16岁师从杨莲青习《包
公》，后又从汪如云习《三
国》，从徐剑衡习《七侠五
义》，并受教于王斌泉、杨
月槎、张玉书和扬州评话名
家王少堂等。1957年加入苏
州市评弹团，1960年调江苏
省曲艺团。国家一级演员，
享受国务院政府特殊津贴。

苏州评弹"巧嘴"传承记

口述者：金声伯
访录整理：施晓平
访谈时间：2016 年 7 月 17 日
访谈地点：苏州市姑苏区颜家巷金家

　　金声伯说表口齿清晰、语言幽默生动，有"巧嘴"之称。擅放噱，尤以"小卖"见长。面风、手势与说表配合恰当，双目传神。起角色形象鲜明，在《七侠五义》中塑造了白玉堂、展昭、丁兆兰、丁兆蕙、雨墨等一系列不同性格的人物形象。

　　代表作品有《包公》《七侠五义》《铁道游击队》《红岩》《江南红》（与他人合作）《顶天立地》等。1982 年获全国曲艺优秀节目调演一等奖，2012 年获第七届中国曲艺牡丹奖终身成就奖。

问：金老师，苏州评弹界有许多"世家"，请问您父辈、祖辈
也从事过评话表演吗？

答：没有，我1930年12月出生于阳澄湖边的大堰上村，以前
那里属于吴县油泾公社六大队，后来叫相城区阳澄湖镇
堰浜村，现在属于阳澄湖度假区洋沟溇村，但出生不久
我就被送给苏州城里金姓人家。祖父金云松，租用护龙
街（今人民路）嘉馀坊口北侧房屋开铜锡店，生有三个
儿子，父亲金满生居中，是修理青铜器的行家，后来在
南京博物院退休，母亲叫秦文英，是家庭妇女。他们只
有我一个孩子。

问：您原先叫什么名字？

答：父亲希望我百事能忍耐，所以给我取名金百忍。

问：您后来怎么会叫"金声伯"的？

答：1945年学说书时，杨莲青先生给我起艺名，音为sheng伯，
但sheng字到底怎么写他没说，让我自己查字典。我查过后
看到上面说，孔府门口牌坊上写有"金声玉振"四字，觉
得"金"跟"声"搭配很好，就取名"金声伯"了。

问：您在哪里读的书？

答：我先在苏州干将小学读了两年，后来父亲去上海谋生，
我就跟着到上海读斯盛小学，毕业后读齐鲁中学，但只
读了两年，就因家境困难辍学了。

问：从事苏州评话表演前，您是否还从事过其他工作？

答：经姨夫介绍，我先吃过一年银行饭，是在浙江嘉兴振丰
钱庄当学徒。

问：那您是怎么走上评话表演之路的？

答：1945年钱庄被国民党收去，我连铺盖都没拿出来，只好回到苏州，随父母租住在铜锡店马路对面（东面）、大井巷南侧的杨月槎老先生家。他是常熟人，弹词演员，父亲杨鹤亭是马如飞十二弟子中的佼佼者。他家很大，开有"百灵"广播电台。从事苏州评话表演的唐耿良也租住在那里，我家和他家都租住在大厅里。那时他已经开始走红，天天坐了黄包车出门，叮当叮当的。我学历不高，又不会手艺，怎么谋生呢？杨月槎建议，还是像唐耿良那样去学说书吧！花一笔头铜钿（学费）。

父亲和母亲一商量，决定就这么办，拼一把。于是杨月槎介绍我拜老一辈评话艺人、长篇评话《包公》的开创者杨莲青为师，当时我16岁，拜师的时间是那一年的十月初八。

问：在杨莲青先生那里，您是怎么学的？

答：主要是听他说，然后记在脑子里。当时杨先生在苏州说书，每天下午坐着黄包车赶两个场子，先在临顿路的百乐书场，后去阊门外龙园书场。我就向隔壁人家借了一辆破自行车，跟着先生赶来赶去，风雨无阻。

那辆脚踏车没有刹车，这样赶来赶去有点危险，特别是从南新桥桥面上下去，前面是杨先生坐的黄包车，我冲过去会撞在黄包车上，那杨先生岂不要摔下来？幸亏我穿的皮鞋是从上海买来的，底是汽车轮胎皮做的，比较厚，于是我用皮鞋底在地上摩擦，把汽车轮胎皮当刹车用。

5个半月后，我迫于生计，就离开杨先生跑码头，当时能说的评话只有杨先生教的《包公》（原先叫《五虎平西》，先生改叫《狸猫换太子》），一回书1小时50分钟左右，一共七十回。我下午、晚上日夜两场，分成两段书开书演出，但两者的内容没有承接关系，而是各自成为一个系统。比如下午场从"大闹万花楼"开书，到"落帽风（狸猫换太子）"结束，夜里从"落帽风"开书。

问：您还记得第一次单独登台是在哪里吗？
答：是无锡去江阴方向的一个叫市头张村的地方（要是和人家一起登台，第一次是在常熟周行旁的何村）。当时那里很小，街巷只能容两人并肩而行，整个小镇上没有谁有手表，也没有哪家人家有钟，说书计时用的是圆晷，一种八卦形状的计时器，时间到了，书场老板娘就喊，然后当天的演出就结束。在那里，我一共演出了 10 天，每天 2 场。

问：初出茅庐时，是否碰到过不顺的事？
答：当然有。当时苏州评弹虽然听众很多，但同行竞争也十分激烈，江浙沪地区老少评弹艺人有数千人之多，弹词名家张鉴庭、严雪亭、蒋月泉、杨振雄如日中天，评话大师张鸿声以及同门师兄顾宏伯红极一时，我一个刚满17 岁的后生，怎么可能顺风顺水呢？从业开头几年里，我经常碰壁，次数都数不过来。

问：还记得哪件碰壁的事吗？
答：印象最深的是去常熟老徐市一家书场说书那次。当时是一位朋友介绍的，我就先乘 6 个小时轮船从苏州赶到常熟城里，再坐 4 个小时的轮船到梅李，然后换乘独轮车，到达目的地时天已经黑了。我把介绍信递给正在搓麻将的书场老板，记得老板姓吴，他看了后先是不吭声，后来说"余来板"的先生他不做的，意思是自己推销上门的人他不要。可那时我已经身无分文，因此和他商量，能不能让我演一场，灵的，让我继续演，不灵，那就走人。我当时想，如果能演一场，至少可以解决回去的盘缠、饭钱问题，可老板不同意，说"汽油钱也做不出的"（当时夜间书场点汽油灯）。

一起搓麻将的人对老板说，那你总要给人家吃顿饭哇。老板说，饭就在筲箕里，要吃自己去盛。我气得拎着沉重的木头板箱就出了门，饿着肚子往回赶，结果步行15里路赶到了附近的小镇支塘。到那里时已经晚上9点了，我找到当地一家书场，在那里演出的一位同行叫秦筱侬（弹词演员秦纪文的妹妹）正好演出结束，我说明了自己的情况，好心的她跟老板打了个招呼，结果老板安排我在柴房间支了张铺，借宿了一个晚上。第二天我去当地的典当里当掉手表，买了张汽车票回到常熟城里，再当掉一件大衣，这才凑足了回苏州的盘缠。

说来惭愧，秦筱侬的恩我至今没有报答。

问：这次落难经历，让您产生了什么想法？

答：吃一堑长一智。这件事让我反思，同样是说书的，为什么人家受欢迎，我却被书场老板拒绝？显而易见，我本领还不行啊。这次碰壁增加了我下功夫学好本领的决心。

问：您是从哪些方面下功夫增强评话表演本领的？

答：主要是三方面，一是用眼神，二是评话内容，三是语言表达。

问：如何用眼神？

答：刚出道时有听客对我说："你没有眼睛的。"我纳闷：明明有一双大眼睛，为啥对方说没有？问下来才知道，原来是听客觉得我眼睛没有神。

说书要"面孔上有书"，这一点首先反映在眼睛上。于是我自己照镜子练眼神。

1956年我在杭州演出，京剧大师盖叫天老先生听了我的书找到我说："眼睛一定要用起来，亮相时眼睛一用，你这个人就有精神了。"他还教了我一些用眼神的方法，比如上台时要看平，有楼上座位的，看得与楼上座位平，就行了。平时可点了蜡烛或棒香，然后眼睛盯着跳动的火焰或飘移的烟雾……我照着练，时间长了，果然取得了较为理想的效果。

听评弹主要不是听故事，而是人物是否说活，要把人物说活，需要语言，需要用眼神，需要面孔上每一块肌肉，还需要手势。听书如果只听内容，那看连环画就行了。

问：在评话的内容上您是如何下功夫的？

答：听众来听书，固然要看演员的形象、风格，但更注重评话的内容。于是在评话名家张玉书（张国良之父）、钱雪峰（钱玉龙之父）的指导下，我从情节上发展长篇评话《包公》的后段，增添了从"庞吉出逃"到"包公辞朝"共三十回书，被大家称为《后包公》。说《包公》的评话演员很多，但这三十回书是我独有的，这样想听的人就非听我不可了。

记得张玉书曾教我"未来先说，过去重谈"的方法，让我学了一招。

问：除《包公》外，您还创新了《七侠五义》，使您从一位名艺人变成评弹表演艺术家。能介绍一下您是怎么创新这一书目的吗？

答：应该说，晚清、民国以来，评弹界就不乏艺人在说《七侠五义》，我的第一位先生杨莲青也说《七侠五义》，但他只说到捉住花蝴蝶就结束了。得知徐剑衡先生也说《七侠五义》，而且能说后面的情节，我就又拜他为师。在他的大弟子邹继衡的帮助下，我学到了许多。

但我发现，当时《七侠五义》听众群比较单一，几乎没有女性听众。正如昆曲大家徐凌云所说：听书没有女听众，那么表演者就成不了响档。所以没有哪位艺人因这部书而大红大紫。

为啥女性不爱听？我花了差不多半年时间，零零碎碎听了30来个人说的《七侠五义》，每人听一回，最终在徐凌云的提点下悟出了这样的道理：武侠书如果只讲江湖侠义，不谈道理感情，就会走入死胡同。而当时大家说的《七侠五义》里全是武侠，打打杀杀，而且"穷凶极恶"，女性听众怎么会喜欢呢？

于是我取各家之长，注意在《七侠五义》书里塑造人物形象，同时加入许多道理、感情。比如《三试颜仁敏》片段里说："只看见地上一位老太，两泪纵横；一个女人，白头白脚；两个小囝，披麻戴孝，一个大概八九岁，一个只不过七八岁。只听见老太在哭：'媳妇啊，媳妇，你抛下我们老的老，小的小，你竟要自尽，叫我们怎样活下去……'"这样就容易打动听众了。

还有《展昭游西湖》、《比剑联姻》等章回，在我说之前都是"软档书"，没有演员喜欢说。即使说，也是把它们当作陪衬用的。但我把这些章回变成了"重头书"，它们也成了我的成名作。

问：您是否还进行了其他作品的内容创新？

答：1957年我加入苏州市人民评弹团，1960年上调入江苏省曲艺团任评话主演，直到1990年退休。在此期间，我参与改编并演出现代长篇评话《铁道游击队》、《江南红》，还创作了《顶天立地》、《夜奔伏虎涧》等作品。

问：您是怎么创作的？

答：有些革命题材是当时的形势决定的，不写不行啊。有些是为了推陈出新，吸引听众。

问：您什么时候开始走红？从那时起，听众又是怎样的趋之
若鹜？

答：1956 年，因《包公》和《七侠五义》而走红。从那时到
退休，我的演出基本场场客满，买票都困难，一些听众
早晨三五点钟就出来排队买票了，许多人等在书场外等
退票。就是在上海这样的名角云集的地方也是如此。

问：当时您一天要说几场书？

答：一般说 1 到 2 场，每场 1 小时 50 分钟左右。最多时一天
要说 8 场，那是在 1956—1957 年，不过当时每场书只有
35—40 分钟，说完了还要去 2 个电台说。当时我在上海，
11 点半吃中饭，12 点从家里出发，12 点半到书场，下午
连说四场书，一直到 17 点 45 分，然后到混堂吃饭、
洗澡，晚上 7 点半下来，再说四场书，结束还要去 2 个
电台说，回到家里差不多要 24 点左右，这样虽然收入不
菲，但人很辛苦，年纪大了是说不动的。

问：据说您曾创造过一档生意换一幢房子的奇迹？

答：是的，我现在住的颜家巷的房子，就是一档生意赚的钱
买的，时间是 1956 年。这处房产原先是弹词演员姚荫梅
家的，占地 1 亩，当时的建筑面积是 336 平方米，买下的
价格是 4000 元。

问：您说的一档生意是多长时间？说的是什么内容？

答：当时一年分 4 档，即春节到端午、端午到中秋、中秋到
元旦、元旦到春节，差不多 3 个月一档。我当时说的内
容就是《包公》和《七侠五义》。

问：当时普通工人月薪多少？

答：一般只有 36 元。所以我 3 个月左右赚 4000 元，在当时是

非常高的收入了。当时苏州评弹演员收入普遍较高，名角更高。

问：前面提到，您第 3 个下功夫的地方是语言表达。具体表现在什么地方？

答：其实就是在放噱头上面做文章。苏州评话很注重噱，有"噱乃书中之宝"的说法。在书中恰如其分地噱一下，可以吊住听众的胃口，让他们"笑一笑，十年少"。

具体来说，放噱头有三种形式。一种是根据人物性格和情节的矛盾展开产生喜剧因素，叫"肉里噱"。第二种是用打比方、衬托、借喻和解释性的穿插展开，叫"外插花"。第三种方法跟第二种差不多，但只用只言片语来引起听众的笑声，叫"小卖"。

问：能举例说说您是怎么放噱头的吗？

答："噱"要注意分场合、看对象、讲时效。比如《七侠五义》里说到颜仁敏的书童雨墨自幼父母双亡，家境贫寒，靠向亲戚朋友东讨一点西讨一点糊口，我就说："因为各家给的食物营养不同，雨墨倒吸收了多种维生素哉。"再如《水浒·武松打店》里我说，孙二娘在面孔上涂脂粉要用掸帚掸的，涂好一层掸一层。然后我又加入"外插花"："所以现在有人化妆从早晨 7 点要弄到下午 3 点的，人家油漆门面都漆好了，她还没弄好呢。"这些都跟时代结合了起来。

放噱头还要干净利落、点到为止，给听众留有想象、咀嚼的余地。比如《七侠五义》说到白玉堂化名金老五，在旅馆邂逅颜仁敏，经二次考验后两人成了莫逆之交。白玉堂给了颜仁敏许多帮助，我就忽然抖出一句："轧朋友就要轧姓金的。"这句话很简洁，但又很耐人寻味。

问：因为"嚎"，尤其是擅长"小卖"，您赢得了"巧嘴"的美誉。从路径上说，这"巧嘴"是怎样练就的？

答："巧嘴"是别人加在我头上的，我自己是不承认的。外界评价，姚荫梅是苏州评弹的"老巧嘴"，我觉得他是从生活的经历上积累了丰富的经验，所以用什么语言张口就来，他的《啼笑因缘》说得非常好玩，就是生活丰富的缘故。我所谓的"巧嘴"是因为语言熟，主要靠观察生活得来，尤其是"小卖"。街上兜一圈，仔细观察，各类人都要动脑筋问，这样随时随地可以搜集到"小卖"素材。当然搜集后也要吸收、浓缩起来。

另外，编写书目和表演时我要考虑，这话像不像这个人说的，像的话听客才会入耳，不像的话，这语言就失败了。

问：还有没有其他变成"巧嘴"的路径？

答：就是不断向前辈、同行学习。

我正儿八经拜的老师一共有3位，除前面提到的杨莲青、徐剑衡外，还有一位叫汪如云。他是说《三国》的，拜他为师不是要说《三国》，只是学他的说书技巧。

当然，让我受过益、指导过我的说书艺人数量更多，算下来起码要好几十位。比如一位叫杨一清的先生，我跟他学过说《水浒》。

在江苏省曲艺团工作期间，我还经常与同团前辈、扬州评话大家王少堂切磋技艺。

问：作为国家级非遗项目苏州评弹的国家级代表性传承人，您是如何传播苏州评话的？

答：主要有5种方式，即通过各种渠道直接说给普通观众听，通过名人传播，收徒传播，出版书籍、音像资料传播，海内外表演、讲座传播。

问：您在哪些地方的书场里说过书？

答：主要是在江浙沪地区的书场，还有港台地区以及加拿大、新加坡等地，苏州评弹也由此走向世界。

另外，还有许多听众、观众通过电台、电视、网络收听、收看我的演出。

问：您直接给哪些首长、名人说过评话？

答：这个也很多，比如给陈云老首长就说过不下 20 次。第一次是在 1960 年 11 月。我当时在江苏省曲艺团工作，一天接到领导通知，说晚上有招待演出，要好好准备。晚上到了中山陵的一个招待所，才知道是给陈云演出。他点名要听《遇太后》，还说他听过顾宏伯的，现在要听听我说得怎么样。此后，我又在苏州、杭州等地为陈云演出，说的内容包括弹词《珍珠塔》，评话《包公》、《三侠五义》等。

我还和陈云合过多次影。遗憾的是，"文革"中这些珍贵的照片全部被付之一炬。后来因为给陈云送磁带的事，我跟陈云的秘书有过接触。1987 年我偶然跟他讲起照片被烧之事，没想到，过了几天陈云就托人给我送来一幅字，题的是张继的名诗《枫桥夜泊》。落款"书赠金声伯，陈云八十三，丁卯"。这幅字我装裱之后珍藏至今。

我还给乔石、陈丕显、彭冲等首长，建筑大师贝聿铭等名人说过书。

问：听说邓丽君听过您的书？

答：是的。那是 1985 年，我去香港演出，经友人陆文藻（无锡人）引荐，我见到了邓丽君。由于方言的问题，邓丽君听不懂苏州评话，但对这门艺术很感兴趣，不仅在陆文藻的陪同下看完我的演出，还亲自录下视频。后来邓丽君还请陆文藻翻译了评话录像的内容，并反复聆听、观看和欣赏。邓丽君还赠给我全套卡带,长度足足有一千多分钟,并赠给我一套罕见的个人照片。

问:您一共收了多少评话学生?

答:正式的一共 10 来个,现在有影响的主要包括项正伯、曹月伯、朱悟伯、马逢伯、汪正华等。另外,长子少伯、幼子鉴伯也是继承人。

问:您爱人叫什么?是否也从事苏州评弹工作?

答:爱人叫杨美田,1932 年出生,原先唱京戏,新中国成立前曾去香港演出。结婚后就做家庭妇女了。她不从事苏州评弹工作,但她有一定文化,经常为我记录、整理脚本,还执笔创作,提出各类建议,看过别人的表演后还告诉我他们的长处,对我成名起了很大帮助,可惜她已于 2014 年因心脏病去世了。

问:您一共有多少子女?他们的配偶及第三代是否有人继承衣钵?

答:我有 2 个儿子,3 个女儿,但 3 个女儿及 5 个孩子的配偶、第三代等都没有人从事苏州评弹工作。

问:出版传播的情况是怎样的?

答:目前一共出版了两种书、三种音像资料。
其中一种书是长篇《七侠五义》中有关白玉堂的一段,由我长子金少伯整理,共计 75 万字,以《白玉堂》为书名,于 1988 年由山西北岳文艺出版社出版。香港艺华出版公司同时整理成录音带 8 卷发行。另一种书《开封府》在《新民晚报》上连载 100 期后,经文艺评论家秦绿枝加工整理,于 1995 年由上海文艺出版社出版。
出版的音像资料除上面提到的《白玉堂》外,还包括《包公》和《武松》。

问：您开过多少讲座？

答：在苏州、上海等地都开过讲座。外国主要在美国，开创
了苏州评弹艺人走上外国高等学府进行讲学的先例。

那是 1988 年，我应美国达慕思大学狄吉基金会邀请去美
国讲学，还被该基金会授予荣誉会员称号。那次巡回演
讲持续了 5 个月，访问了 22 所大学，参加了多个学术讨
论活动和聚会。记得在美国加州第一大学文学院讲课，20
时开始，讲两个小时，因为第二天一早要在芝加哥大学
讲课，芝加哥的时间又比加州早两个小时，所以讲完后
我们马上坐晚班飞机去芝加哥。有香港朋友对此说："金
声伯你厉害，人家汽车赶场子，你飞机赶场子。"

问：您是怎么会被邀请去美国讲学的？

答：这要感谢一个中文名叫白素贞（Susan.R.Blader）的美国
人。她是北京大学汪景寿教授的外国学生，美国达慕思
大学中国文学院的教授。1982 年 3 月，正好全国曲艺南
方片会演，汪教授带着她和一个叫石清照（卡特·史特文
丝）的加拿大多伦多大学教授来苏州找我。原来他们是
专门研究《龙图公案》的，这书里既有《包公》的内容，
又有《七侠五义》的内容，他们在拼命找学术标本，但
找了许多地方，都觉得不合要求，这才到苏州来的。

尽管听不懂我说的话，但她们对我台上的神态相当满
意。第二次再来，白素贞说她之前完成的论文题目是《从
〈三侠五义〉到石玉昆》，第二篇论文要写《从石玉昆
到金声伯》，希望得到我的帮助。谈好后她回美国，我
们电话来往，就这样帮助她完成了论文。

1988 年，白素贞就通过达慕思大学狄吉基金会邀请我去美
国讲学了。她重点研究《三试颜仁敏》，我去了就讲这一

金声伯演出照

内容，由她翻译。一开始她只是通译，而不是真正意义上的翻译。但她非常聪明，两三次后就能做到我说一句，她译一句，下面笑一次，整个讲座40分钟笑声不断。

问：对于苏州评弹的未来，您有什么看法？

答：苏州评弹作为一种鲜活的说唱艺术，曾经在民间有着广阔的演出阵地和极具生命力的演出基础，是我国的艺术瑰宝，曾经创造了许多辉煌。现在苏州评弹被列为国家级非遗项目，这一方面说明政府对这门艺术很重视，另一方面也说明，这门艺术需要抢救，不能掉以轻心。

大家知道，苏州评弹分为评话（大书）和弹词（小书）两大类。相比之下，评话的形势更为严峻。这是因为，弹词装饰性、音乐性强，好听好看，演出时又往往是男女搭配，可以吸引更多听众。评话视觉享受相对较差，加上很难配字幕，外地听众难听懂，所以接受度差。

受此影响，许多评弹艺人不愿意学评话，即使学了也往往去唱弹词开篇甚至改行了。现在苏州坚守在评话上的中青年演员也就10多人，其中体制内的有王池良、袁新华，常熟的陈伟春等四五人，体制外的有苏韵评弹团的庞志豪等人。年纪轻的评话演员就更少了。随着老艺人的去世，不少传统书目逐步失传，很令人担心。

问：您认为应该采取怎样的对策？

答：要选拔条件优秀的苗子进入苏州评弹演员行列，加大青年评弹演员尤其是评话演员的培养力度，要通过政策引导他们多出新作，通过研讨会、会书促进他们成长，引导他们懂得好演员要靠几年甚至几十年的磨炼才能炼成的道理。

问：在书目内容上该怎么做？

答：苏州评弹靠"说噱弹唱"吸引听众，"说"的里面如果能包括天文地理历史等各类知识，包括吴地特有的文化，加上恰如其分的点评，听你的评弹就会觉得有味道，就会觉得与众不同。

现在有不少小青年觉得听客爱听什么就讲什么，这是不对的。不管如何，演员们要多学点知识，多学点文化，否则一定失败。

问：除此以外还要注意什么？
答：还有一点就是要动脑筋，让语言不断创造。评弹最早是没有的，第一个人动脑筋出来唱，老百姓听了喜欢，觉得可以当桩职业，慢慢慢慢就发展起来了。所以以前我们的道训上，以及弹词演员王绶卿都有这样一条规矩：一定要动脑筋。严雪亭也有一句唱词：说书时刻动脑筋，改行不是生意经。不动脑筋，从先生那里学来一二三四五，我也说一二三四五，这样就停滞了，听客怎么还要听？

问：您曾经提出过，要"清理过时了的语言"，这是什么意思？
答：语言是苏州评弹艺术的重要一环，前辈老艺人给我们留下了丰富的艺术遗产，我们应该继承和发展。由于时代变迁，人民群众的语言也在变化，对于传统书目中一些已老化、僵死的语言，我们不能原封不动地保存，而要进行过滤和改造，才能被今天的听众接受。

比如《破窑告状》中范仲华说："区区范仲华……"这"区区"两字，青年听众很陌生，为了不让他们费劲思索，分散注意力，改说成"我范仲华"不是很好吗！还如"阿嫚娘"，这是昆腔中的语言，我就改说为"娘"，这就清楚明白了。"人笃来啊！"这"人笃"是什么呢？不易理解，就进行改造。

金声伯

赋赞是评弹中很好的艺术表演手段，也要注意不能搞成故弄玄虚的文字游戏。过去《醉打蒋门神》中用一段《醉八仙》的赋赞，赋赞背诵结束，蒋门神也就跌倒在地，说上长长一大段，什么"左一刀青龙分水，右一刀万将难逃"，什么"凤凰三展翅"，演员说得很吃力，听众也不知你在喃喃地念些什么，反成了催眠曲，顶了石臼做戏。现在我说到这回书时，从《醉八仙》的赋赞中化出，一拳还三拳，一腿还三腿，再通过形体、动作陪衬，就达到通俗易懂的效果了。

我不是说，传统书目也要满嘴现代术语，而是说，传统书目如能恰当地运用一些现代新文艺的表现手法，穿插一些现代语汇是完全可以的。这样做，一方面是尊重历史，一方面又照顾了当代听众的习惯，只有这样，评弹才能争取更多的听众！

问：您个人在苏州评话传播方面有没有新的动作或打算？

答：最近，一家电台编导专程找到我，希望能对金版《七侠五义》后段书目（从"白玉堂进襄阳"到"大破铜网阵"）进行录音，让听众听完整，也为下一步出版、传承奠定基础。我和在场的张克勤、项正伯两位学生商量后，已经接受了邀请。

另外，我对苏州评弹艺术初心不改，如今仍经常和邢晏春、邢晏芝、项正伯等评弹界人士和张克勤（滑稽表演艺术家，评话出身）、林继凡（昆剧表演艺术家，弹词出身）切磋、交流艺术，特别是有关苏州评弹的书目、技艺、演员等。同时还在继续研究说表语言、流派唱腔、苏州评弹理论，希望这门艺术得到更好的传承和发展。

陆建华

男，1959年11月生于评弹世家。2002年至2015年任常熟市评弹团团长。国家一级演员，国家级非物质文化遗产苏州评弹项目苏州市级代表性传承人。

我与评弹结缘

自述者：陆建华

一、学说书

  我出身在评弹艺人家庭，父亲张翼良是评话演员，母亲华佩瑛是弹词演员。但是，小时候我对评弹并无多少印象，更谈不上受到评弹艺术的熏陶。因为当时正值"文化大革命"，评弹艺术凋零，说书先生大多下乡或转业，原先热闹的书场均已偃旗息鼓。然而受父母的遗传，我的嗓音条件却特别好。小学二年级的时候，常熟朝阳花艺术团（俗称"小京班"）来校选拔学员，我凭一句"朝霞映在阳澄湖上"被吸收进团。朝阳花艺术团的队员都是小学生，当时排演的剧目是京剧《沙家浜》，我扮演沙四龙一角，参加全县巡回演出，因为当年没有什么娱乐活动，"朝阳花"很是风光，我也成了小明星。每

短篇弹词《相约星期二》
——获第四届中国苏州评弹艺术节金奖

次演出，我还经常要帮唱好几个角色，有时甚至一个人从第一场唱到最后一场。"小京班"的经历为我打下良好的艺术基础，也激发了我自身潜在的艺术细胞。

1974年下半年，社会秩序开始慢慢恢复，常熟评弹团为了培养接班人，到各个学校招收学员。那时我16岁，只是个懵懂的高一学生，对评弹没有多少感情，内心热爱的是京剧艺术，因此想报考京剧团。父亲语重心长地告诉我，学戏练功十分辛苦，虽然我嗓音好，但身高没有优势，学戏是吃亏的，即使学成了，也不可能在京剧团"扛大旗"。而说书则不同，是口头艺术，身高和相貌对艺术影响不大，只要说得好就能吸引听众。还有一个更重要的原因：当时我的母亲已经去世，父亲一个人要养活我和两个妹妹以及苏州的奶奶，经济压力很大。而学说书成本低，收效快，能较快地减轻家里负担，起码可以解决自己的吃饭问题。想到要担负的家庭责任，想想也许也是一条很好的出路。我听从了父亲的劝导，在只念了三个月的高中后便决定报考常熟评弹团。

不料，初试时我因为身高的原因惨遭淘汰。事后听说真正的原因是"文革"中遗留的"派性思想"在作祟。不久，父亲落实政策回到评弹团，成为骨干演员。父亲去找负责招收学员的朱玉英科长反映情况，而我良好的艺术基础，也给主考老师留下了深刻的印象，最终，薛惠萍、钟月樵、蔡蕙华等老师力排众议，朱科长拍板决定，我被正式录取。

二、父亲教唱

常熟评弹团招收的七四级学员共 5 名，我和徐和兴（艺名徐峰）2 个男生，徐美华、秦波痕、路晓枫 3 个女生。进团后由弹词名家钟月樵老师主教弹唱，第一个学的就是"蒋调"选曲《海上英雄·游回基地》，然后再学薛调开篇《书记的草帽》以及其他流派（当时传统题材的开篇选曲仍未"开禁"）。

对于刚刚学习弹唱的学员来说，要唱好这段"蒋调"实在很不容易。尽管我学得很认真，但每次唱给父亲听，他总觉得有很多不到位的地方。父亲虽是一名评话演员，但对弹词唱腔也十分熟悉，是个"老耳朵"。看到我学艺进步缓慢，望子成龙心切的父亲竟然也开始学习弹唱，然后为我"开小灶"辅导。每当中午大家回家休息时，父亲总是与我在团部大厅练习弹唱。评话演员教弹唱，这在评弹界绝对是一个"破天荒"的举动，为此父亲也常受到旁人的非议甚至讥讽，说他"自己簧腔脱板没唱好，还去教儿子"。尽管如此，父亲依然执着地学唱教唱，我深受伟大父爱的感动和激励，刻苦钻研弹唱技艺，领悟力渐渐提高，有时竟也觉得父亲的弹唱"欠水准"了。其实，我在父亲耐心地引导之下，弹唱水平已有了不小的提高，能够辨别出好与差，懂门道了。此时，父亲觉得自己的任务已经完成，所以"功成身退"，不再担当我的"课外辅导员"，怕真的把我教"坏"了。

三、问村"破口"

"破口"是评弹界的行话，意指青年演员首次登台说唱长篇。这是演员艺术生涯中非常重要的经历，往往会因紧张而出现忘词、提前落回等事故。我的"破口"经历却与众不同，毫无准备地遭遇了"双龙会"。

当时团里给我安排的第一只"码头"是常熟南郊的横泾，书场开设在当地镇上的剧场内，是个大场子，我非常开心，满怀希望地想去做一档好生意。当我背着包囊拎着三弦，乘轮船赶到书场已近中午，谁知等来的不是热情的场方，而是一张写着其他演员的海报。我马上意识到是"双龙会"，场方在没有告知我的情况下，已经请了别的演员。我初出茅庐，年轻气盛，立即找到场方理论。场方也毫不让步，说那档演员是常熟影管处书管组派来的，并对我说："弟弟啊，就是买菜都是挑好的买。"言外之意，两档演员他当然挑好的一档。我听后深受刺激，觉得他们这样做欺人太甚，于是马不停蹄返回城里，到书管组找负责人何顺那里"撒气"。书管组没有帮我解决场子问题，但是何顺的一句话激励了我，他说："你现在不要来和我争吵，到一定阶段人家请不到你才算你狠！"这句话让我明白了艺术竞争的残酷，明白了什么才是硬道理！

"双龙会"败北，我垂头丧气回到团里。正好浒浦的问村需要一档演员，作为弥补，团里又把这个场子安排给我。这次我有了经验，先打听清楚该书场确实没有他人演出，而且听说书场老板待人相当和气，于是立即坐船去问村，还带了表弟去听书。"接风"宴二荤二素一汤，十分丰盛。其时物资紧张，在团里学习时食堂最多供应一荤一素，有时都是素菜。因此我对这顿饭印象深刻，至今还记得 5 个菜是肉糕炖蛋、鲫鱼、草头、青菜和蛋花汤。

问村是个小集镇，书场很小，客满 37 人。我放单档说《白罗山》，第一天生意不错，有 30 人，第二天跌进 30，然后逐日减少到最后剩十来个人。老板虽然忠厚，但毕竟要考虑营业收入，尽管没有开口让我"剪书"离场，但菜却渐渐少了，由二荤二素一汤减为一荤一素一汤，荤菜由鱼肉降为螺蛳，直减至一菜一汤。这在评弹界叫"热接冷送"，是场方希望演员主动离场的一种做法。我明知老板的心思，但故意装糊涂，坚持说满半个月。"破口"说书，是对我意志的考验，也是对书艺的锻炼，所以听客的逐日减少和场方的"热接冷送"，都没有使我动摇。在这个小书场里，我成功地将《白罗山》说了一遍，对以后的艺术发展带来很多益处。

四、父辈关怀

我和父亲一个姓陆一个姓张，怎么回事呢？这还得从我祖父那代说起。我们陆家是苏州齐门外冰凌浜人，家境困苦，曾祖父生育三子。次子陆桂宝自幼出嗣张家，后师从评话大家黄兆麟学《三国》，由前辈评话名家张震伯取艺名为张玉书，寓意"麒麟角上挂玉书"。我的祖父排行第三，经营鲜活水产，后罹患血吸虫病逝世，顿使家庭陷入困境。祖父去世后，我父亲陆兴男挑起了生活重担，16 岁那年跟随伯父张玉书（陆桂宝）学说《三国》。其时张玉书及其子张国良、张如君皆已名满书坛，父亲希望能借张家的威望登台说书，早日扬名，就随了他们张姓，取艺名张翼良。到生下我时，复姓归宗。因此，我生长在一个评弹大家族，伯祖张玉书为第一代，第二代有 4 位评弹演员，分别是堂伯父张国良、张如君、堂姑母张佩君和父亲张翼良。由于种种原因，两位伯父

陆建华参加第一届中国
评弹艺术节演出

陆建华演出照

的子女都没有继承父业，第三代就我一个学说书，所以他们
对我学艺都是非常关心和支持的。两位伯父性格迥异，教导
方式也大不相同。

　　大伯伯张国良比较随和，边喝酒边谈艺，"随风潜入夜，
润物细无声"。听他谈三国中情节的铺排、事件的评论，才知
道他台上滔滔不绝、引经据典，不是随口而出，是经过学习
研究刻意布置的。他告诉我，唱开篇不仅要掌握唱腔，更要
通晓开篇的内容。一只开篇就是一个故事，唱开篇是用弹唱
演绎故事，知道了故事的前因后果、来龙去脉，唱起来才有
底气，才能唱好开篇。

　　小伯伯张如君所在的上海团，是当年评弹界的"样板
团"，治艺严谨。因此，他对我要求严格，第一次见面就教导
我要树立高远的目标，要么不学，学到就要成名成家，成为
像蒋月泉、严雪亭那样独一无二的名家。小伯伯说表清晰，

风格独异，对我影响很大。伯母刘韵若也不辞辛苦辅导我弹唱，一字一句地给我拍腔，让我获益匪浅。每逢我获奖，小伯伯总要给我泼冷水，让我保持清醒的头脑。

我还有两位舅父——华士亭和华佩亭，他们是 20 世纪 50 年代走红上海滩的上海市人民评弹工作团的评弹演员。正当"华双档"艺术生命勃发之际，小舅华佩亭突然逝世，这对大舅华士亭的身心和艺术都造成致命打击。失去了好兄弟的搭档，华士亭艺术抱负难以施展，艺术成就大受限制。所以当我自小显露艺术天赋时，舅父就常引以为傲，全力支持我报考评弹团，时刻关注我的学习进展。

"文革"后期，蒋月泉在上海评弹团学馆任教"蒋调"，当《战长沙》、《杜十娘》等传统开篇逐渐"解禁"时，舅父将我推荐到上海团学馆作旁听生。这个千载难逢的机会，使我懂得了水磨腔、橄榄音，让我学会了咬字、共鸣、口腔组织等唱腔的真谛。由于蒋月泉老师的课并不多，舅舅还介绍我向钱骏学习，钱骏是当时上海团 74 级学员中经常被蒋月泉表扬的佼佼者，蒋调唱得很好，小腔也非常到位，钱骏给我"拍"了两只蒋调开篇，其中的弹唱技巧让我得益匪浅。

五、说大书

评弹是评话和弹词的合称，评话是大书，弹词为小书。现在好多场合介绍评弹演员其实不确切，说大书的是评话演员，说小书的是弹词演员。从这个意义上讲，我倒算个真正的"评弹"演员，我主要说唱弹词，也曾说过一阶段大书。

促成我说大书的主要原因有三个。其一，我刚开始学艺就想学大书，觉得评话演员一个人爽气，不会受他人的牵制，况且拼个稳定的好的双档很困难。其二是为了照顾家庭，父亲常年在外奔波，母亲早逝，我结婚生子后留在家中照顾妻儿的时间较多，但作为演员又必须出去演出，父亲就说索性出去说大书吧，练练说表，对艺术也有帮助。第三个原因是经济收入，我有了自己的小家庭，经济上有一定的压力，单档出去演出比双档的收入要高不少。

刚开始我想学说"张派《三国》"，但一接触下来，发现书中人物众多，不下点苦功根本没法说，所以就改学《山东大侠》。这部书是父亲为了丰富演出书目，向老艺人余养然购买《乾隆下江南》的脚本，重新改编而成的。《山东大侠》以三盗万年青、杨宝麟盗宝等情节为主线，各种角色齐全，父亲在编书时运用了弹词创作手法，书情较为细腻，适合我这个弹词演员学说。回顾说大书的经历，我觉得最大的收获是说表艺术上的进步。

六、三位恩师

从考入评弹团学艺到跑"码头"说书，我先后得到钟月樵、薛惠萍、王文稼三位恩师的教益。

钟月樵先生是我们那批学员的启蒙老师，负责培养我们的弹唱基本功。钟老师身体瘦弱，其貌不扬，但一开口那清脆的嗓音就把我们镇住了。他恪守评弹界传统的教学方法，要求我们打好基础，不管男女都先学琵琶再学三弦，唱腔学蒋调、薛调和俞调。他对我们既关心，又十分严厉。我能有现在这样的弹唱基本功，首先得益于钟老师的启蒙教学，十分感激他。

基础教学近两年后，我们开始跟师学长篇。团里安排我拜薛惠萍团长为师，学说长篇弹词《白蛇传》，还举行了拜师仪式。薛老师特别擅长王永昌、阿喜等市井人物的刻画，虽然嗓音不好，但生旦角色拿捏得好，比较传神。在薛师身上，我学到了说书要正确理解和塑造不同人物，遇到"弄堂书"要用其他手法帮助，适当运用"卖法"吸引听客。另外，薛老师说书语言组织能力特别强，说表富有节奏感，这路说

陆建华

功对我很有启发和帮助。

拜王文稼为师是一种巧合，也是缘分。那年王文稼、严燕君来常熟说《白罗山》，父亲和王老师是要好的小弟兄，叫我去听听这位世伯的书。王文稼与薛惠萍有些异曲同工，貌不惊人，嗓子也一般，但说功一流，三弦极好，擅长阴噱。两天书听下来，我就成了他的"粉丝"，回家跟父亲商量跟王文稼学《白罗山》。第二天，父亲领着我去书场拜访，王老师一口答应。随后大约跟师五六只"码头"，先生并不一本正经教说书，只是让我听书，自己领悟，还逼我在毫无准备的情况下说了一回《柴房会》，教导我说书的"三要诀"——书路清、角色清、台位清，让我受益终生。

七、偷听偷学

要唱好评弹，就得下真功夫。

有一次，我偶然在评弹团仓库里发现一台很大的旧式录音机，还有大盘的磁带。趁着老师不在就去偷听，刚好放的是蒋月泉的那段"风急浪高"，于是叫来同学一起听。但钟老师考虑到循序渐进，反对我们过早听"蒋"。然而，没人的时候，我还是一个人偷偷溜进去继续听，后被住在同一宿舍的徐和兴发现了，我们两人就在一起，边偷听边研究学习。

"文革"后期，上海评弹团将现代长篇中的佳作《夺印》改编成同名的中篇弹词，由杨振言、张鉴国、朱雪琴等演出，优秀的书目、优秀的演员让听客听得如痴似醉。我们身处常熟，只能从电台直播中听到一些片段，总觉得不能过瘾，于是向钟老师提出去上海观摩学习的愿望。团里经济拮据，考虑到一位带队老师和五个学员的来回路费、书票及餐费等是笔不小的开支，最终拒绝了大家的请求。我同徐和兴热情不减，决定自己偷偷地去上海听。虽然去了不一定能买到票，但是听书学艺的热情让我们顾不得那么多了，两人匆匆地赶到南门车站。因为没钱买票，就搭乘一辆去上海的货车。可惜天不从人愿，那辆汽车刚开到白茆就抛锚了。眼看上海去不成，我们只得返回常熟。那时乡下还没有公交车，我俩足足走了半天，回到宿舍已经半夜了。

上海偷学之行虽然失败，但我们已被《夺印》牢牢吸引，想办法把它录了下来，并积极要求排演。钟老师被我们的积极性感动，同意排演中篇《夺印》。大家本已对书中唱篇耳熟能详，所以没几天就把篇子全部背熟，一个多月的时间，常熟团青年版《夺印》就排了出来。正好赶上团里下乡演出，我们的中篇演出效果很好，受到热烈欢迎。钟老师对我们的表现非常满意。

八、管团长留人

20世纪90年代初评弹进入"文革"后的最低潮，青年演员思想波动，演员大量流失。比我略大的一批全部转业，比我晚的一批也全部转业，我的4个同学全部转业。放眼整个评弹团，几乎就剩我一个青年演员。那时候我已结婚生子，爱人要上班，小孩没人照看。每月40多元的工资也不可能请保姆，为了照顾家庭，我实在没法跑码头说长篇。面对生活压力，我这个从业多年、27岁开始担任副团长、对评弹已经有较深的感情的人，思想也开始动摇。

我和爱人找到管巧福团长，和他交流我的生活和工作问题。我首先提出了不演长篇、留团工作的设想，管团长未加考虑就予以了否定，因为当时常熟团演员已经很少，留团人员一向只有团长、书记和会计等少数几个。留团不成，演出又不行，我只能提出转业并请求他帮我联系一个转业单位。管团长再次否定了我的设想，他说自己只是个小小的团长，没有能力帮我解决工作，而且作为团长他也不可能支持我这样优秀的演员转业。非但如此，他还是坚持要我出去演出，我说肯定不行，爱人也不答应。大概沉默了一两分钟，管团长说只要你答应出去说书，我破一下例，每个月补贴你40元。虽然那些钱用来请保姆照顾妻儿仍然是不够的，但这是管团长代表评弹团留住人才的一片心意，他爱才惜才的举动深深打动了我们，我和爱人商量无论如何也要克服困难，坚持演出。由于评弹团经济负担较重，加上某些同事的反对，每月40元的补贴不到半年就取消了，但是管团长的关怀坚定了我留下来的决心，此后再没有转业的念头。

九、创作与得奖

在我担任评弹团副团长期间，负责书目创作和演出等艺术工作。在一次赴白茆山歌馆采风时，了解到当地有一个唱山歌唱痴的老人，我敏锐地觉察此人背后肯定有故事，于是在文化站长的陪同下，拜访了老人阿文和他的邻居，听说他因山歌而引出的凄美的爱情故事。采风回来后，我立即向局领导汇报了以此为素材创作短篇的设想，得到局领导的首肯和大力支持，由著名作家金曾豪执笔撰写初稿。阿文的故事经过作家的提炼和创作，成为情节曲折、引人入胜的短篇小说《山歌王奇情》。由于文学作品与弹词作品的表现手法有一定的差异，短篇交由一位弹词名家进行改编，这位老先生研究了一周后觉得改编有困难，又把本子退回给我。作品已报名参赛，日期都定下来了，无奈之下我只能自己动手。我在长篇演出中常常临时"簧"唱篇，但从未尝试过评弹创作，连开篇都没写过，所以心里没底，改好后请团里的评弹作家向正明老师修改。向老师改好后，我们又边排边改。后来该书经过苏州市第八届新剧（书）目调演和江苏省第三届曲艺节的实践，短篇由三档改为双档，书情更为紧凑，人物形象更加饱满。首届中国苏州评弹艺术节选拔节目时，原苏州市文广局艺术处处长蔡永良连声叫好，他说常熟是选拔的最后一站，这个短篇犹如书坛上吹来一阵清新的春风，立意、手法、演员均好。

短篇弹词《山歌王奇情》顺利入选艺术节，毫无悬念地囊括节目、创作、表演三个金奖，而且票数都是第一。常熟独揽三个国家级大奖的第一名，这是前所未有的，整个评弹界都把目光转向我，媒体、宣传部、文化局领导也由此特别重视评弹。"处女作"的巨大成功让我一发不可收，连续参与了《千里寻宝》、《田阿桐》、《相约星期二》、《招牌菜》等4个短篇弹词的创作和演出，蝉联文化部主办的历届中国苏州评弹艺术节的节目金奖、创作金奖和表演金奖，创造了连续6届参赛荣获14项大奖的记录。2004年、2008年和2014年，我又凭借代表作品《千里寻宝》、《田阿桐》、《招牌菜》，三次荣获中国曲艺最高奖——牡丹奖。此外，我参与创作的中篇评弹《杨乃武回乡》、系列评话《铁琴铜剑楼》、短篇弹词《一封绝交信》、《育种人》、《绣锦旗》等书目，均荣获全国、省级曲艺大赛的创作奖或表演奖。

在短短的十多年中，常熟连续荣获如此多的国家级曲艺大奖，在全省乃至全国县级市中都是绝无仅有的，这种良好的曲艺发展态势被曲艺界称为"常熟现象"。2014年11月23日，江苏省曲艺家协会专门到常熟调研并举行座谈会，探讨"常熟现象"的成因和特质，寻找可复制推广的经验，以推动全省的曲艺创作演出。

今年，我受邀担任第九届中国曲艺牡丹奖全国曲艺大赛上海赛区评委，这是中国曲协给予常熟的崇高荣誉。

十、传承之路

曲艺是灵活多变的口头艺术，除了一些基本的程式之外，个性化的创造和个人技艺的发挥显得尤为重要。这些特点，决定了曲艺传承的特殊性。传习评弹艺术，主要靠口传

陆建华

心授，炼艺悟道。我在学艺阶段，先后学习了薛惠萍、钟月樵、王文稼等3位恩师的代表书目和说唱技巧，独立演出后，又吸收张如君、华士亭、张翼良等名家之长，找到了适合自身特点、符合时代要求的新路，除了继承老师的《白蛇》、《沉香扇》、《白罗山》、《山东大侠》等长篇书目之外，也成功打造了《柳金蝉》这部新长篇，以及一批中篇、短篇书目。

在自我完善的同时，我也教授、培养了一批接班人，传递常熟评弹事业的薪火。

记得初次带徒大约是1983年，团里招了一个学员，叫殷建康，当时还是评弹学校的学生，到常熟团实习。评校规定学生必须学习长篇才能毕业，团领导研究后决定让他跟我学长篇，由蒋君豪团长亲自把他领到我家。那时我也还是个青年演员，哪敢接受这么艰巨的任务，连连摇手。团里认为我虽然是个青年演员，但是说唱基本功扎实，已经能够独当一面，完全能够胜任带教学员的任务。蒋团长对我又是表扬又是鼓励，我最终被说服，接受了任务。通过师生俩的共同努力，殷建康出色地完成了长篇实习，顺利毕业并进入常熟团，和卢佩亚拼档，弹唱我所传授的《柳金蝉》一书。

20世纪90年代中期，常熟市评弹团从本地应届初中毕业生中招收13名学生，委托常熟市艺术学校开设评弹班，由我担任班主任，有计划地定向培养传承人。这种培养有别于传统的带徒方式，对我而言也是一个不小的挑战，我通过学习相关艺术学校的教学模式，制定了教学大纲、教学进度，编制教材，和孙向红等老师一起，倾尽全力开展评弹基本功的教学。这批学生于1998年毕业进团，按照立足本团的思路，由团里指定高莉蓉、向正明和我等教授长篇，我收的是陆晓丹、邵柳青这对女双档，教她们《柳金蝉》。

在此同时，我还收了青年评弹爱好者赵华为徒。他自幼热爱文艺，痴迷评弹，一心要拜我为师，甚至不惜说出了绝话。面对如此热爱评弹的"粉丝"，我怎能再拒之门外！拜师仪式遵照传统，简单而庄重，点上大红蜡烛，铺上红毡毯，磕头拜师，我为他取艺名赵春华。对他的培养，我完全采用传统方法，跟师一个阶段后就让他跑码头演出，通过几年历练，艺术进步也很快。如今，他担任常熟电视台《春来茶馆》的主持，创办了《春来戏曲大舞台》，依然在为戏曲曲艺事业做贡献。

2006 年，苏州评弹（苏州评话和苏州弹词）入选国务院批准命名的第一批国家级非物质文化遗产名录，各地对评弹的传承工作迈上了新台阶。这样的背景下，我的传承之路也走出常熟，走向了苏州，2009 年苏州市评弹团青年演员王开、周丽娟慕名拜我为师，传承长篇弹词《沉香扇》。2014 年，王开又传承了我的另一部长篇《柳金蝉》。

2012 年和 2014 年，我先后被命名为常熟市级和苏州市级非遗传承人，愈发感觉传承评弹艺术的重要性和紧迫感。作为常熟市评弹团的团长，我除了做好自身的艺术传承外，更应积极承担起传承常熟评弹事业的历史责任。为此，我多次建言提案，反复强烈呼吁，尽早引进和培养评弹新人，让评弹团中断十多年的"薪火"得以"复燃"。

2014 年至 2015 年，常熟团连续 2 年各招收 4 名优秀的评校毕业生。从他们毕业实习开始，我就拟定了具体的培养计划，聘请了上海评弹团著名弹词演员沈玲莉来常辅导，我自己当然义不容辞地成为辅导老师。2014 年的金怡晨、薛桃、徐楚凡、徐楚娇 4 位学生，在实习期结束后的毕业巡演中，汇报演出了常熟市评弹团的代表书目《千里寻宝》和《相约星期二》，备受江浙沪各地老听众的关注和赞誉。正式进团后不久，团里就为他们举行拜师仪式，提前启动长篇学习，徐楚凡、徐楚娇跟随上海团著名弹词演员高博文学说《珍珠塔》，金怡晨、薛桃跟我学唱《白罗山》。在当年年底上海评弹团主办的上海、江苏青年评弹演员 PK 邀请赛中，金怡晨以优异的表现从 36 名选手中脱颖而出，成功入围总决赛，并最终以排名第三的好成绩夺得大赛银奖。大家都说我慧眼识才，"捡了大漏"了！其实，这得益于我从前辈和个人的艺术道路中悟出的一个道理：曲艺是一种个性化艺术，好的演员必然有其个性，对传承人的培养要"不拘小节"，这样做有利于其艺术个性的张扬，有利于艺术的传承发展。

不久，金怡晨等 4 位青年已能出"码头"演长篇。去年 4 月 19 日，常熟市评弹团近 30 年来首次整体亮相上海舞台，8 位青年演员集体登台演唱《欢迎你到常熟来》，博得上海听众的一致好评。

在各级领导的高度重视下，常熟评弹的当代传承已经有了一个良好的开端。为了更好地持续推进评弹传承，常熟市文广新局在去年下半年设立了"陆建华评弹工作室"，我将集中精力做好团队传承和个人传承工作，分阶段、分批次地培养评弹接班人。

陆
瑞
英

　　女，1932年5月9日生，
常熟市古里镇白茆上塘村人。
首批国家级非物质文化遗产
"吴歌·白茆山歌"项目代
表性传承人，中国民间文艺
家协会会员，江苏省民间文
艺家协会名誉理事。

白茆山歌的传承

口述者：陆瑞英
访录整理：邹养鹤
访谈时间：2016 年 5 月 20 日
访谈地点：白茆上塘村 1 组陆瑞英家

问：陆阿姨，您今年多大年纪了？

答：我今年 85 虚岁了，生于 1932 年。

问：请您讲讲是在怎样的情况下学唱山歌的？

答：我 6 岁那年，日本鬼子来到白茆扫荡，我家的房屋被烧光。不久，父亲又因吸鸦片和母亲离异，因此，我就由祖母顾妙和一手带大。8 岁时，祖母送我到村上私塾读书。我记性特别好，一教就会，所以老师陆林爷经常叫我领读。读了半年，由于家里十分困难，祖母叫我停学，老师

第三届白茆山歌艺术节上，陆瑞英登台演唱

陆林爷上门说情，他对我祖母说："你家瑞英聪明，让她读吧，我不收她学费！"祖母说："家里艰难，我教她纺纱、织布帮帮我，让她从小学点本领，日后好糊口。"老师叹气走了。于是祖母开始教我学纺纱，但我心神不定，有时悄悄站在门口，望着上学孩子们的背影发呆。祖母知道我的心事，对我说："我六七岁就纺纱了，隔壁人家有个老太，一边纺纱一边唱山歌。我把纺车拖到隔壁，伴着老太纺纱，听老太唱山歌，老太还会讲故事。你跟我纺纱，我也唱山歌、讲故事给你听。"于是，我就在这种情况下跟随祖母开始边学纺纱、边学唱山歌和讲故事。

陆瑞英

问：你跟祖母学会了那些山歌？

答：我的许多四句头山歌、儿歌、盘歌、对歌等，基本上都
　　是祖母教会的。

问：你祖母教你的山歌中，你最喜欢的是那一首山歌？你唱
　　给我听听看。

答：我最喜欢的是《山歌好唱口难开》这首山歌，这首歌是
　　这样唱的：

山歌好唱口难开，

杨梅桃好吃树难栽，

白米饭好吃田难种，

鲜鱼汤好呷网难张。

啥人话山歌好唱口难开？

啥人话杨梅桃好吃树难栽？

啥人话白米饭好吃田难种？

啥人话鲜鱼汤好呷网难张？

张良说山歌好唱口难开，

韩信说杨梅桃好吃树难栽，

沈七哥说白米饭好吃田难种，

姜太公说鲜鱼汤好呷网难张。

哪搭碰着唱歌郎？

哪搭碰着贩桃郎？

哪搭碰着种田汉？

哪搭碰着钓鱼郎？

上山碰着唱歌郎，

下山碰着贩桃郎，
廿亩丘横头农田里碰着种田汉，
西太湖梢碰着钓鱼郎。

哪能就是唱歌郎？
哪能就是贩桃郎？
哪能就是种田汉？
哪能就是钓鱼郎？

嘴薄料罟唱歌郎，
勿长勿短贩桃郎，
黑别劣出种田汉，
弯背落曲钓鱼郎。

阿曾想送唱歌郎？
阿曾想送贩桃郎？
阿曾想送种田汉？
阿曾想送钓鱼郎？

买本山歌书送拨唱歌郎，
买只苗篮送拨贩桃郎，
买把铁拉送拨种田汉，
买只针钩送拨钓鱼郎。

一本歌书几化字？
一只苗篮几个眼？
一把铁拉几化齿？
一只针钩几化弯？

只论歌书勿论字，

陆瑞英

只论苗篮勿论眼，

一把铁拉四只齿，

一只针钩两个弯。

问：这首歌真的很有味道。听说你后来出去打短工也学会了
　　不少山歌，是吗？

答：是的。我纺纱纺到 12 岁，祖母又开始教我织布。13 岁
　　那年，我已比较懂事，农忙季节，同村的费耀祖、谈芝
　　卿等叔叔伯伯要到外村打短工，他们想带我去学学田里
　　的活计。一开始，祖母说我年纪小，舍不得。伯伯叔叔
　　们说："她蓑衣一披，就是个小大人，我们一边教、一
　　边帮一把就行了。"
　　于是我就跟伯伯叔叔们到外村打短工。初下水田，按伯
　　伯叔叔们的指点，学着他们的样子做活，苦归苦，累归
　　累，但感觉那段生活还是很开心的。因为在田里做农活，
　　往往边做边唱山歌，莳秧唱，耘稻唱。特别是农历六月
　　耘稻，弯腰曲背，上边日头晒，下边热水蒸，人人都想
　　唱唱山歌借把力。耘稻季节的个把月，就成了一年当中
　　的山歌旺季。连天绿秧田里，到处是歌声，此起彼伏，
　　有独唱，有一唱众和，有盘歌。最长的盘歌《盘螃蟹》：

一只黄蟹几只螯？

几个头颈几只眼？

几只小脚弯弯朝前爬？

一只黄蟹二只螯，

一个头颈两只眼，

八只小脚弯弯朝前爬。

　　从一只螃蟹盘到 72 只螃蟹，要盘答五六个钟头。上午盘

不完，下午接着盘；今天盘不完，明天接着盘。跟纺车旁的轻声低唱不同，田里的山歌要放开喉咙喊山歌。田头休息里，大家喝喝水，吸袋黄烟，说说笑笑，讲讲故事，还有猜谜语，收获真的不少。从那个时候开始，每到农忙季节，我就会跟伯伯叔叔们一道去田里做生活。经过几年的农耕实践，我学会了许多农活，成了莳秧能手，还得过全乡莳秧比赛第一名，同时也学会了几十种山歌调头和几百首内容丰富的山歌，成了远近闻名的"金嗓子"。

问：听说你还到处学山歌，只要碰到哪位前辈肚里山歌多，就会虚心地跟着学，请您讲讲这方面的经历。

答：是的，随着自己逐渐长大，唱山歌的劲头更足了，于是只要发现身边哪位长辈唱得好，我就会缠上她，跟着学山歌。我姑姑陆杏珍是当地有名的山歌能手，她肚里山歌许许多多，特别擅长各种情歌、生活歌，我就每天往她家里跑，跟她学唱，《五更梳妆台》《手扶栏杆》《十只台子》《十姐梳头》等都是跟姑姑学会的。同村有个出家的尼姑叫雪咪，回家来探亲，我就跟她学唱"佛偈歌"。还有一个塘北的周老太来我家玩，听她肚里有好多山歌，于是我就缠着她住在我家里跟她学山歌，《十二月花名》就是跟她学会的。

问：你学会了哪几种山歌曲调呢？

答：我学会了大山歌、小山歌、急口山歌、四句头、吭吭调、春调、三邀三环、划龙船调、搭凉棚调、向阳调、新打快船调、五更调、手扶栏杆调、佛偈调等几十种山歌曲调吧。内容有引歌、盘歌、劳动歌、仪式歌、情歌、生活歌、儿歌、历史传说歌、神话歌等等。

问：20世纪50年代在白茆掀起了轰轰烈烈的新民歌运动，您是积极参与者，也是见证人，请您讲讲当时的情景。

答：好的。那个时候是以山歌鼓干劲，用山歌促生产，基本人人都会唱山歌，人人都要唱山歌。每个生产队都有宣传队，一到农忙季节，田里到处是歌声。我当时是村团支部书记，也是山歌队队长，只要一到田里开始干活，我就会带头唱山歌，晚上还要挑灯夜战，兴修水利，大家都是用歌声来鼓干劲。乡里还发动广大群众一起编山歌，大家既是歌唱者，又是歌作者，村村都有墙头山歌，户户都有山歌能手和山歌作者，晚上乘凉、生产队学习开会、上夜校等，都要首先用山歌来唱开场。乡里还有出版社，专门编辑出版白茆山歌，我记得出版的山歌书有《东风吹处红旗飘》、《两丰收》、《白茆大跃进歌谣》等。还清楚地记得1955年冬和1956年春，我和其他歌手一起参加县、地区、省三级民间文艺会演，我们演唱的白茆山歌获得优秀奖。后来，1959年，中国民间文艺研究会路工、张紫晨偕同钟兆锦、周正良等专家来到白茆调查新民歌，公社派我一起参加调查。这次是带着"生产大跃进带来新民歌大跃进"的框框去调查的。调查方法，主要是开各种不同类型的三五人座谈会。在多次中老年歌手座谈会上，开头往往是冷场，我就先来唱山歌，有的歌手也跟着唱，唱唱说说很热闹。做了半月左右的调查，编写出版了一本《白茆公社新民歌调查》。1960年，我还光荣地出席了江苏省文教群英会，受到表彰。

问：过去在白茆塘两岸多次举行过万人山歌会，您能讲讲万人山歌会的情况吗？

答：好的。白茆塘两岸对山歌是老早头里就有的，过去我听祖母讲，经常对山歌的地方是在白茆塘边上的三元坟处，基本每年都要在那里对山歌的，塘北和塘南的歌手相互对歌，人山人海，非常热闹，我在十二三岁时也参加过那里的对山歌。1956年，乡里要求各村建立山歌队，并在白茆塘两岸搭好了对歌台，组织山歌会。我记得当时的白茆塘两岸人山人海，周边乡镇、县市的人都赶过来看对山歌，观众估计有2万人以上。我那年是25岁，既是组织者，又是参与者，连续三个晚上对山歌。后来，又多次举行过万人山歌会，但对山歌的地段移到了白茆大桥两边了，因为那是白茆镇的中心地方，吸引了全国各地的文艺专家都来采风观摩。

问：听说您由于连续唱山歌，把嗓子唱哑了，是这样吗?

答：是的。主要是在"大跃进"时期，那个时候连续挑灯夜战，开白茆塘、联泾塘、筑大塘圩等水利工程，但没有什么机械设备，都是靠人海战术，用山歌来鼓士气、促干劲，所以我连续日夜唱山歌，就把嗓子唱哑了，喉咙里生出了息肉。因为不能唱山歌，我伤心得哭了三天三夜。省文联知道后动员我去医院做手术，我由于害怕，再加上家里经济很困难，没有去做手术。后来，周正良先生问我会不会讲故事，我说会的，而且肚里有许多故事，都是从小听长辈们讲过后记在肚子里的。受他的启发，不能放声唱山歌的我，就开始讲故事，并到处收集山歌，只要听到或看到哪里有山歌本子，我就会马上去收集过来保存好。随着时间的推移，我的喉咙慢慢可以发出声音了，虽然不响亮，但我还是继续到处唱山歌、教山歌。

问：听说您在"文革"时期由于唱山歌，受了不少冤枉气。

答：是的。1966年，"文化大革命"开始了，"破四旧"、"立四新"、"挖文艺黑线"，大鸣大放、大字报、大批

陆
瑞
英

2007年5月17日在北京大学成功举行
《陆瑞英民间故事歌谣集》首发式

85岁高龄的陆瑞英在田间教
唱白茆山歌

判接踵而来,大字报贴到我家门口,批判我是"唱黄色山歌,讲黄色故事,毒害青少年"! 乡里撤销了我团支部书记的职务,不准我唱山歌、讲故事。我当时那个气啊,真是秀才碰着兵,有理说不清,我只好把闷气憋在心里。但是不唱山歌、不讲故事,心里难受呀。于是我就和许多要好的朋友们偷偷地唱。我记得有一次乡里派我们20多位男女青年去十三大队灭钉螺,那里比较偏远,因此青年们就怂恿我教他们唱传统山歌,其中的女青年孙妙林、吕小妹、潘雪琴等几个,本来是我的山歌徒弟,于是我边干活,边教他们唱山歌,连续一个礼拜的灭钉螺,变成了一个礼拜的田野山歌会,青年们高兴极了,但回去后大家都守口如瓶。还记得有一次乡里派我去坞圻村支援莳秧,听说有一位老山歌手叫陈梅生,家里珍藏着一本老山歌书《赵胜关》,我就等到莳

农闲季节陆瑞英在家里
给邻居们讲故事

陆瑞英在白茆幼儿园教山歌

秧结束后，打听到他家里拜访，几番交流后，他被我热
爱山歌的真情所感动，于是走进房间，把珍藏在箱子底
下的那本老山歌书《赵胜关》送给了我，我高兴得不得
了，但又非常害怕，因为"文革"还没结束，生怕受到
批斗。回到家里后，偷偷把书用塑料袋包好，叫老木匠
（丈夫）把书砌在墙壁里。

问："文革"结束后，白茆山歌获得了新生，请您讲讲"文革"
　　后的山歌经历。

答："文革"结束后，我们当地政府重视保护和传承白茆山
　　歌，我自然又到处搜集山歌、教唱山歌。1992 年，荷
　　兰汉学博士高文厚、施聂姐夫妇多次来到我家采风访
　　谈，听了我唱的许多山歌内容后兴奋地称："白茆山歌万
　　岁！"1990 年中日文化农耕考察团、1994 年联合国教科

文组织都相继来我家采风，访谈白茆山歌。1995年白茆镇成立了全国山歌第一馆"白茆山歌馆"，我当时已退休，但还是被聘为山歌馆工作人员，在馆里开办培训、讲座等进行山歌传教活动。1996年，我又开始到白茆中心小学不定期地教唱白茆山歌，随着白茆山歌的名气越来越响，来找我学唱山歌的人也越来越多了。2000年，政府开始编辑《中国·白茆山歌集》，我收集、演唱的70多首山歌被编入山歌集中。2002年，在白茆塘畔举办了首届白茆山歌艺术节，尽管我嗓子唱不响亮，但我还是登台演唱，一展歌喉，我离不开山歌呀。艺术节期间，《中国·白茆山歌集》也成功举行了首发式。2008年，我的徒弟沈建华、王淑英、邹缨、陆影芳、李玉娥、朱学军等参加首届中国农民文艺会演，演唱的白茆山歌《舂米歌》荣获最高奖——金穗奖，那真是感觉开心呀，特别自豪、光荣。

问：陆阿姨，您感觉最开心的是什么事？

答：我这一生，最开心的是两件事。第一件是出了本书《陆瑞英民间故事歌谣集》，其中歌谣有119首，故事81则，内容有引歌、盘歌、情歌、劳动歌、生活歌、儿歌等，都是比较具有典型性的传统山歌，并且还到北京大学举行首发式，我给全国一流的专家学者们唱山歌、讲故事，得到了热烈的掌声。专家们还对我的故事、歌谣内容进行了学术研讨，一致认为，这些山歌、故事非常具有学术研究价值和民间文学价值。最后，我还得了"山花奖"。站在领奖台上，我真的开心，这还得要谢谢您和北京大学的陈泳超教授、周正良老先生。第二件开心的事是我被评上了首批国家级非物质文化遗产（吴歌）代表性传承人，我做梦也没想到，这一生会得到这么高的荣誉。想想一世人生没有白唱山歌，而且每年还有补贴，真的开心。

问：听说您唱山歌的徒子徒孙很多，到现在一共有多少徒弟？有哪些徒弟比较优秀？

答：跟我学唱山歌的人确实有很多，到底有多少我也记不清了，从过去到现在，大概总有两三百人吧。过去呢，孙妙林、陆兴元、邹静华、姚琴琴、沈凤珍等几个很优秀，凡是对山歌，总有他们的身影。现在依旧活跃在各种山歌活动中的有沈建华、吕杏英。沈建华当过文化站长，那个时候经常跑到我家里来学唱山歌；吕杏英也是经常来我家学山歌的，她和沈建华是同龄人，现在都已是60多岁了，并且都成了省级传承人，他们俩最优秀。中青年一代的优秀徒弟有王淑英、邹缨、王燕、朱利等几位，其中王淑英还得过全国第三届农村青年歌手大选赛三等奖；朱利山歌唱得好，后来考取了省戏校，现在镇文化站工作，是白茆山歌队队长。

问：现在白茆山歌的传承情况怎么样？

答：现在白茆山歌是国家级非物质文化遗产了，政府越来越重视白茆山歌的传承和普及，2007年和2014年又成功举办了第二、第三届白茆山歌艺术节，我在第三届白茆山歌艺术节上又兴奋地登台演唱。同时，政府还把我讲的故事制作成了动漫，在艺术节上播放，创新了非物质文化遗产保护的方法，得到了专家们的一致肯定。而且每年的6月份还有文化遗产日，大力宣传，大力弘扬，真正的白茆山歌全盛期到来了。现在我们白茆中心小学、白茆中学常年开设了白茆山歌教育课，我定期到学校去教唱山歌，文化站每年还要举办各类山歌活动、山歌比赛、山歌培训，并且还组织我们山歌传承人走进苏州科技学院、上海大学、常熟理工学院等周边大学，进行山歌讲座、山歌传唱，探索新的传承方法，影响很大。白茆山歌艺术团每年有下乡活动，山歌村村演，歌

陆瑞英

151

声天天有，热闹非凡，白茆山歌的传承和普及确实做得有声有色。因此，现在来找我学唱山歌的人越来越多了，特别是小学生到我家来学山歌的络绎不绝。

问：您对白茆山歌的传承和未来有什么希望?

答：我最希望能够把我一肚子的山歌全部传承下去，著名歌手越来越多，山歌新秀代代辈出，并且希望白茆山歌最终能够申报成世界级非物质文化遗产，我衷心希望白茆山歌传唱不断、歌声万代。

毛良善

男，1928年生。2006年江
苏省第一批非物质文化遗产项
目民间音乐苏州玄妙观道教音
乐代表性传承人，2008年第
二批国家级非物质文化遗产项
目代表性传承人。

我从事苏州道教音乐的经历

口述者：毛良善
访录整理：张伟应
访谈时间：2016 年 7 月
访谈地点：包衙前毛家

问：您有几个姓名，其中的缘由是什么？

答：我生父姓陈，但他在我 4 岁时就去世了。我在 6 岁时被送养到赵家，也就是苏州有名的在家道士赵子琴、赵厚福家，成为赵厚福的养子，起名赵福根。后在 22 岁时，我回到了唯亭老家，与邻村一名姑娘成亲，改名为毛良善。

问：您出生于何年、何地？早年生活在哪里？

答：我 1928 年 6 月 1 日（农历四月十四日）出生在跨塘镇（现属苏州工业园区唯亭街道），父母亲都是务农的，他们租种了约二亩多的稻田。父亲在农闲时还得织绸贴补家用，但他在 30 多岁时就去世了。在我被领养前，我一直生活在这里。

问：是否有兄弟姐妹？他们的基本情况如何？是否有从事道教音乐者？

答：我有一个亲生的哥哥，他年长我 4 岁，父亲去世后他由祖母抚养。还有一个亲妹妹，比我小 4 岁，父亲去世时她刚出生，稍稍长大一点后，她也被送养给本村的富裕人家了。哥哥后来是做成衣（裁缝）的，妹妹务农，没有做道教方面的事。

养父母有 5 个女儿、1 个儿子，只有最大的女儿与我同年，比我稍大，其他都比我年幼，最小的一个是儿子，他比我小 9 岁。他们也都没有学过道教音乐的技艺，有两个女儿后来在上海铁路部门工作，做会计，还有一个女儿到了北京的航空单位，儿子后来做了中学教师。

问：赵家祖父、父亲的情况如何？

答：祖父名叫赵子琴，我被领养时他 40 多岁。他的前辈并没有人做道士，家庭经济状况一般。祖父拜了宋锦波等 3 位道士为师，他很有这方面的才能，吹、打、唱、写、念全都擅长，飞钹表演更是技艺出众，成了苏州道士中的名人。他收有徒弟几百人，还在神仙庙、卫道观办过学校，在近郊的很多地方也开设培训班，那里有他的许多学生。办（道士）学堂所招收的学生都是有基础的人，到学校来进修、提高，也可以称自己是某某的学生，"套"个名气。祖父的家庭经济和生活是不用担心的。

父亲从小跟祖父学艺，也上过专门的学校，还拜过几个老师，是戴啸霞、朱培基的门生，简单的送帖行礼，就算是门生了。苏州道教音乐到父亲开始学时已经分成了几

出访比利时

派，那时道士当中有三个人名气很响，这三人是同辈，除了祖父赵子琴，另外两人是戴啸霞、朱培基，父亲都要学。相比祖父来说，父亲的演奏技艺更精，年轻也容易接受新的东西，道教音乐还是要跟得上实际需要，与社会合拍。他在斋醮音乐上，有"鼓王"之称。当时打醮时，只要他一到场，他就是"头一块牌子"，其他人只能跟随，或者就没有生意了。但父亲已经不再"念"和"唱"，不再做法师了。我到苏州时他二十几岁。

问：您是如何学习苏州道教音乐的？

答：我 11 岁（虚龄）开始跟祖父学技。最初从吹笛开始，还跟着念经，也因此慢慢学会了读、写。之前虽然上过两年学，但还不懂如何读。

学艺的最初 3 年内，那是埋头苦练。不论寒暑，早上 6 点起身，就要练半个多小时的飞钹，练完才吃早饭。曲谱要背，前一天学的 10 支曲子，第二天就要背出来。每到傍晚，祖父喝了点老酒，就拿三弦出来让我吹笛，这就是背曲子，要两个小时模样。背不出怎么办？挨打，敲头皮。天天如此，"闷"在家里 3 年，几乎家门都不出。

到 14 岁时，可以表演飞钹了，就跟着出去。出去以后要学的东西就更多了，主要的内容已经学了，之后就要多看、多听，琢磨别人的表演技巧在哪里，回来以后再自己琢磨，老话有"千学不及一看"的说法。

表面上看父亲没有专门教过我，但他的做法，我还是看到过不少的，为啥他的曲调好听而自己的不好听，看了和听了以后，就要自己多动脑筋。学技艺，老师教的都是基本的，接下来还是要自己用心。苏州道士能在社会上立足，一直很有竞争，大家一起表演，根本没有事先排练的，当场吹奏，他会的你不会，就难为情，就要回家再学。

问：您最受你祖父认可的技艺有哪几项？

答：我飞钹和吹笛是比较擅长的，祖父也点头赞同的。道教南派才有管弦乐器，乐器是多种多样，如三弦（弦子）、笛子、古提琴、锣、鼓，还有双青（也有写作"双清"，一种四弦的弹拨乐器）是别处没有，属于道教音乐特有的。我学过弦子、笛子、鼓、胡琴，但我不念，不做法师。另学飞钹这一门，也要花时间练的。

在家学吹笛子，为了不吵周围人，用"闷笛"，不贴笛膜的那种。夜里学吹唢呐，也是同样的原因，用云通替代，指法、吹法是一样的。会了吹笛，其他"小家什"（乐器）都会了，"一通百通"。最先入门，要从吹笛开始。我们道教音乐的笛子与一般的笛子是不同的，一般的是"平均孔笛"，我们的是"七平均孔笛"，又叫"曲笛"，孔的排列位置不一样的。

学会是容易的，学精就没有止境了。即使你可以出来了，吹、弹、打、写、念，样样要会，样样要精，很不容易。还要根据现场的情况，随机应变，所以做道士这一行，心里一直有个"包袱"在。即使是飞钹表演，只能坐着，丢出去还要能接得回，也有做得成做不成的担心。一个苏州道士，十年也不一定学得出。

问：您还拜过其他老师吗？对老师有哪些印象和记忆？

答：我12岁的时候，寄名到修真观的沈宜生的门下，成为"出家道士"。我在18岁至22岁，就住在修真观中，跟随师父做经忏法事，有5年时间。当时住在观中的还有师太（师父的师父），约60多岁，也有"师父娘"（即沈的妻子）。沈是修真观的当家，当时约40多岁。后来修真观被工厂所占，房管部门给他安排了齐门新桥巷的一处房子，他也不再做道士了。过世时大约70多岁。

早先我们在家道士也是要留发、穿道服、戴道巾的。但在修真观时，我学了其他散居道士的样子，将头发剃了，这样出门就减少一些约束。当时的风尚如此，散居道士多不留发、穿道服。但沈师父是看不惯的，他说我是"末代"，真被他说中了。

师父也会吹弹乐器，但他不是我学习道教音乐的老师，是我出家的师父。我没有正式做法师，也没有起法名。如果没有后来的变化，我是要接师父的班，做修真观当家的。

毛良善表演飞钹

还有一个我拜过师的老师是钱绽之。

问：您祖父和父亲后来的情况如何？

答：1958 年以后，祖父年纪大了，不能再接生意。他"文革"
中去世时 76 岁，他的生肖属蛇，是苏州人。

20 世纪 50 年代，"天马舞蹈团"曾请父亲到北京演出，
他的鼓段很得好评。他们去了一班人，有十三四个吧，
好几年在北京。后来天马舞蹈团解散，华丽生、毛仲青
等好几个人转业到民族乐团工作，钱绽之就是在民族乐
团工作，直到退休再回苏州的，父亲则是当时就回到了

苏州。他北京回来后就一直生活在苏州，靠姐妹们的补贴生活。父亲的生肖属猴，去世时有 93 岁 。祖父和父亲 20 世纪 30 年代初住在吉由巷，20 世纪 30 年代末搬到了装驾桥巷，他们都住在这里直到去世。

问：您从事道教音乐时，苏州道乐的规模、代表性人物及总体情况怎样？

答：我小时候开始学习时，这个市场很兴旺。苏州道士表演很有讲究，名气很大的，周围（城市）知道的人也会来邀请。除了出家道士外，在家的道士（称作火居道士）大约有 300 多人。出家道士一般不外出做法事，主要由火居道士做这个生意。大家（火居道士）到玄妙观"吃茶"，同时也就有各种生意的交流、约请。苏州道士的来源，都是本郊区，他们的做法与市里的一样，再远一点的地方譬如无锡的做派就不同了，也就是做法不一样了。

抗日战争胜利以后的几年，市场也很火。每到农历六月都要祈求太平，连续 3 天"打太平醮"，每天都有七八个小时。"节末日"（最后一天）大家集中，烧香的人、出资的人都来，所以要三个法师、九个道士出场，排场比较大。全套的法事：上午做三节，下午再做四节。另外，七月初就要开始"放焰口"，城里几乎所有的桥头、巷口都有，一次连续两三个小时，集资来请的，独家来请的，前后差不多要做一个月。苏州这地方比较"书卷"，已经过一年了，斋斋路头，大家都会做做好事，安抚安抚，让当地小孩子们平安。乡下也会放焰口，但数量要少些。

除了这两个月比较集中的法事外，逢到有丧事的人家"做七"，或者有老人家做寿，都要来请法师上门。苏州人家逢到喜事不太请法师，乡下人家会有邀请。

最有名的法师在我祖父那辈，刚才说了，是我祖父赵子琴和朱培基、戴啸荣，是叫得响的 3 个。当时也有道教会，会长是玄妙观的当家许鹤梅。还有道纪司，是政府管理部门。到我父亲一辈上的，有名的赵厚福、钱绽之、毛仲青……我还拜过钱绽之为师。到了我这辈，比我年纪稍大的金中英，属于好手了，他的祖父是金南生、父亲是金兰生，也都是道士。

问：您是否还做过别的职业？

答：等到我出来，情况就有了变化，慢慢地就不大接得到生意。虽然我的祖父和父亲仍旧是做道士，他们一直到"大跃进"才完全不做，但我22岁时离开了苏州，回到唯亭乡下。我和妻当时都是孤苦人，便成了家，我在妻子的家里生活。

一开始我根本不会做农活，我想，道士这样的事都可以学，农活也没什么不能学会的，主要还是凭力气。家里有10多亩田，劳动力不够，一半给了别人种，留下来的一半就靠我自己了。高级社以后，让我做了会计。

在我二十八九时，也想再回到苏州。我28岁那年，父亲等人到北京"天马舞蹈团"去表演，也想叫我去的。但那个时候通讯不便，再加上我30岁时生了伤寒症，就没有去成。

我真正出来回到苏州，已经58岁。那段日子，相当艰苦，说起来心酸。一生中最好的那些时间，青春时光，就在农村度过了。

问：您何时重新回到道教音乐领域？

答：1979年，我在新艺剧院做了飞钹表演，这是我重新回到道教音乐表演的开端。这次活动是应"姑苏之春"全国少数民族团的特别邀请而参加的。之前在农村时，别的乐器我都不再碰，但飞钹在家关起门来还要练练。1982年，我回到苏州，在玄妙观开始教学生，一共收了10个

毛良善

161

年轻人，其中有几个后来做了玄妙观、玉皇宫等道观的当家。另外还有几个学生是专门跟我学飞钹的。停了这么多年，要不是从小就学的技艺，根本就拿不起来了。

问：您在玄妙观如何传授技艺的？有哪些成绩突出的学生？他们的现状如何？

答：20世纪80年代招了10个学生，当时我们还能讲讲，对他们指点指点，他们稍微懂点路数脉络。我们教过的学生中，有几个学得比较全面，如陆建忠、韩晓东他们，在演出时常常跟我们一起演。陆建忠后来做了玄妙观的当家法师。

还有祝秋明，他是通安人，很有音乐方面的才能，在当地已经学得不错了，也被吸收到玄妙观来，现在不少演出中就由他担任敲鼓。他有个弟弟祝秋东，跟我学过飞钹。另外，还有葛永宗，1995年左右也跟我学过飞钹，徐梦霞、徐向东更晚些，大约是2005年才跟我学飞钹的。

现在的年轻人，学习的方法不同于我们以往。他们都读书识字，也接受了各种各样的知识，学起来要比我们快。但他们学习的钻研程度，跟我们以往也是不太一样了。他们要分心的事情远远超过我们那时。我11岁学吹笛，是为了吃饭，对音乐没有概念，完全是一张白纸从头学起，而且关在家里，一心"闷"学。

我只是教给他们一个初步，他们从我这里学到一点点。要学精学深的话，还要看每人自己。有句话是这么说的："十年一个大学生好出，十年一个道士难出。"最早那批年轻人，现在也要40多岁了。他们中的韩晓东、陆建忠等人，都成了几个庙的当家，他们平常的时候都分散在各个地方，可惜的是，道教音乐是要聚在一起，才能演奏的。

出访新加坡

现在给年轻人办道教音乐学习班，请了苏昆剧团的人来教他们，昆剧跟道教音乐接近，但技巧、节奏方面还是不一样的。他们年轻人演奏的曲子，我听起来也有变化了。我们去英国演出时，那里的专家说音乐是没有以谁为标准的，都是自己的"标准"。各路的技巧不同。

问：您有哪些印象深刻的国内外表演活动？

答：我在 1985 年左右，参加过录制《姑苏一怪》的演出，表演地点就在玄妙观三清殿前。20 世纪 90 年代（1996 年）到香港，去参加中文大学录制"放焰口"的表演，有一位叫刘红的老师对道教音乐是懂的，他研究"科艺"，还

毛良善

将我的谱子拿过去了。我们一道去香港做法事，市宗教局带去的，去了有 5 天吧。

在 1994 年三四月，我们去比利时、英国演出了一个多月，到了包括牛津大学在内的不少的大学去表演，在伦敦文化中心举行的规模很大的演出，表演了 40 多分钟，受到当地道教组织和主办方的欢迎、好评。

我们到英国演出时他们就说过，你们的笛子不能丢掉。不光是笛子不一样，所有的节奏啊、技巧啊都跟西洋音乐（交响乐）不一样。他们说我们的是"东方民族音乐"。

那次到比利时、英国参加演出的有 7 个人，称为"苏州市玄妙观道乐团"。我是打鼓和拉三弦，还有周祖馥、蒋家荣，他们两人的年纪要比我大些，薛剑峰与我同年。他们 3 个，现在都已经不在世了。参加演出的年轻人有 3 个，陆建忠、韩晓东和谢建明。还有市民族宗教局的领队、翻译等人。

为了这次出访演出，我 66 岁再新学两套"十番锣鼓"的曲子。"十番锣鼓"不属于道教音乐，属于民间音乐"堂名"，演奏这两套曲子是主办方要求的。虽然演出只有几分钟，但练了很长时间，熟能生巧，只有练熟了才能贯通，才能"生巧"。

20 世纪 90 年代末，我还跟团到新加坡演出过，这是新加坡道教协会邀请安排的活动。

在国内，我参加过好多次演出，像北京白云观的"罗天大醮"、江西龙虎山道教活动周、江苏茅山黄箓大法会等。北京的演出我去过 3 次。20 世纪 90 年代后期，我去台湾演出过 2 次，每次有一个星期左右，都在台北的剧场或道观中表演。第三次去台湾是到了 2006 年，那是我最后一次外出表演，担任打鼓，没有表演飞钹，视力已经不行了。那次由全国道教协会带队，他们指定要去一名老道士，我才出去的，当时我已经 79 岁了。

问：演奏时如何分工的？有哪些表演形式？高功是级别比较高的道士吗？

答：我们一起演奏的人，大家都会几种乐器（我们叫"法器"，凡是打醮所用物品都称"法器"，并不限于乐器），但吹笛比较重要，是定调子、乐曲、曲牌的，打鼓也比较重要，一般都由技艺好的人担任。人少的话，一个人要兼几样乐器。

演奏有坐着不动的演奏方式，叫"坐奏"。还有一种是"行乐"，法师在场内要走动，演奏的其他道士也要跟随着，一边走一边奏乐。

高功是法师，领着念、唱的。也不一定级别高，如果年岁较长，大家对他尊重，也由他来主持。

问：你们演出时的着装，有什么讲究？

答：我们演出穿长领（衣服），戴"一字巾"。苏州道士一般戴"纯阳巾"。衣服颜色有白色也有黑青色，以黑青色为多。

问：您 1982 年后一直在玄妙观吗？

答：1982 年恢复，我不久之后到了玄妙观，此后我一直在玄妙观教授学生，或者参加演出活动。直到我 2005 年正式退养，我已经是 78 岁了。正式离开玄妙观之前，我已经领退休金十多年，在那里教授学生完全是尽义务，因为懂得道教音乐的人越来越少了。像周祖馥（1915—1997）、薛剑峰、蒋家荣，跟我是同辈人，薛剑峰是娄门外人，蒋家荣是蠡口人，是我叫他们两个一起到玄妙观的。但后来他们都不在了。

我刚去玄妙观时，道协的当家是财帛司庙的当家张筱轩过来的。后来一个是北京过来的，叫师敏绪。现在的当家是张凤林，他是我的小女婿。张凤林还是省道教协会

毛良善

的会长、中国道教协会副会长，去年年末到北京去，但还兼苏州道教协会会长。

玄妙观是"丛林"，出家道士按规矩是不能结婚的，但现在也改了。

问：苏州道教音乐的传承有些什么变化？

答：我从祖父那里学习的笛曲，有 96 首，是按《钧天妙乐》《古韵成规》《霓裳雅韵》等科书传下来的。虽然通常不是全部都用，常用的也有二三十首。当我停了 30 来年，再出来演奏和教学时，看看曲谱也就想得起来，很快就捡回来了。

我手上的曲谱有 4 本，其中只有一本是从祖父手上传下来的。另外的 3 本，是从祖父的徒弟、一个名叫吴瑞忠的道士手上拿到的，是他的手抄本。他在 1978 年或 1979 年去世之前，将这些抄本给了我，说我会有用。后来果然派到了用场。现在这些曲谱复印了一套给了协会，原件给了我的孙子（即外孙女婿葛永宗），他 1993 年后跟我学了一些，会弄弄，但我是看不入眼的。

我们那时，演奏不断，遇到要什么曲子，拿出来就是，还要根据现场的情况随机应变。笛子定了曲子、调子，三弦、锣鼓……都要跟得上，不会专门给时间做排练的。现在，往往是演奏固定的几只曲子，没什么变化，有点呆板。并且大家都是上班（到道观中），平时没有时间练习，熟练程度、技巧性也受到影响。遇到有重要的演出，就要专门做练习、排演了。

现在的学法也不同以前，国家规定宗教信仰要 18 岁以后，办个班，学点启蒙的音乐，请个昆曲的笛子来教，我觉得是不完全一样的。他们学得如何？不能做要求了。譬如，我们吹的笛子，是曲笛，也就是七平均孔笛，一只笛子可以吹出不同的调子，调子是可以变的，都靠运气来控制，这与一般用的笛子不一样。现在做不到了，怎么办？靠7只笛子来完成。做我们这种笛子（曲笛）的技师，也后继无人了。

再说飞钹表演所用的钹，原来是用木槌慢慢地敲打制作出来的，现在生产的方式是机器铳压，特别脆，没有应有的韧性。这种制作技艺也是丢失了。苏州的道教音乐要传下去，有难度。

问：您能否对没有看过飞钹表演的人，简要说说如何做的？

答：飞钹表演有点像杂技，我们苏州话也叫"笃qi（平声）盘"。一般用2到4只钹，最多的会用7只，表演者坐在凳子上，靠手中的动作将钹做各种抛接、旋转等技艺展示。表演分上、下半套，上半套用棉布带连系住钹，钹的数量多为2至4只，下半套不系带，是脱手的，用4至6只钹。丢和接的表演是没有声音的。这个表演全看手上的功夫，出手的力度、方向等，表演中也有可能会失手。

问：最近10多年，是否继续有指导、传授活动？是否有人来访谈过？

答：我已经不再教授学生，也没有人想学。此前两三年的时候，文化局（遗产办）的人还来录过像，每年也有一些津贴给我。

问：近年从事这一行的经营、收入情况如何？

答：现在都是在观里上班了，没有人专门做这个事情了。

问：您本人近期的生活情况如何？

答：我2005年正式退养后，有近千元的收入，后来逐步增加了一些，最近有2000多元的退养金，是玄妙观给的。我

毛良善

167

的妻也有少量的社区补贴，农村拆迁了，现在是园区的社区居民，也有自己的住房。

问：是否设想一下，怎样一个状态能比较理想地将苏州道教音乐传承下去？

答：先要招得到学生，有点基础，还要花时间去练。如果这样的条件有了，对他们的演奏多听听，指点指点，我想我还是知道应该怎么做，哪样的演奏比较入调。我年纪是大了，但提提建议还是可以的。

其他地方有的资料，做过的研究，尽可能收集起来，提供给学习的人。还是那句话，多看多听、多动脑筋，才能学得好、学得精。任何技艺都是这个道理吧。

我也担心，苏州道教音乐恐怕会传不下去。有人会听，才会对表演的人有要求。没人懂，演的人也就不知道如何演才是好的。懂的人越来越少了，也就不一样了。

戚春兰

女，1966年5月生。1979
年开始跟祖父戚招生学习传
统金银鏊刻技艺，从业后不
断将现代绘画和设计元素融
入其中。2015年，获"中华
老字号传承创新优秀掌门人"
称号。

老万年传统金银錾刻新传

口述者：戚春兰
访录整理：柯继承
访谈时间：2016 年 8 月
访谈地点：西园路金创商务大厦

问："老万年"是苏沪一带著名的黄金老字号了，你这么年
　　轻，而且是服装设计专业出身，怎么与"老万年"连在
　　一起了呢？

答：你提的问题很有意思，许多人都奇怪。正如你所说的，
　　我大学学的是服装设计专业，在课余时间，又师从著名
　　画家沈民义学国画、版画。大学毕业后，做过设计师，
　　做过销售，没有想到会与黄金工艺打交道。但是短短的
　　几年实践，使我对市场与社会有了比较深刻的认识和感
　　受。2009 年，对我来说，是人生道路上最重要的节点。

这一年，在苏州档案馆公开的相关资料中，我发现了自己的曾祖父戚文采、祖父戚招生接手"老万年"金店的档案记录。第一次直面含有曾祖父手泽的种种文档，我不禁感慨万千。早就听说曾祖父和祖父曾开过金铺，却不料他们经商的最后一个身份就是苏州"老万年"响当当的银楼传承人哪！

问："老万年"是清代康熙年间苏州几十家金铺银楼中的一家，第一任店主姓史啊。

答：第一任店主姓史，早先店铺设在城西南新郭桥东堍，因经营有方，生意日渐兴隆，店址迁至闹市区胥门万年桥西堍，因店处大名鼎鼎的万年桥堍，故店名也正式挂牌号"万年"，兼寓"万年长盛"之意。民间因其历史久、规模大、牌号响，习称"老万年"。据同治七年（1868）《银楼业捐资创建安怀公所碑》等记载，当时苏州100多家金铺银楼捐资创建行业会所时，捐洋十元的银楼只有"老万年"和"恒孚"两家，并列榜首。两年后，"老万年"又为安怀公所"助洋十二元"。可见，"老万年"在当时已是苏州实力最雄厚的一家银楼了。之后，"老万年"凭借雄厚的经济实力和良好的信誉，一直顺风顺水地经营着金银业务，直到辛亥革命（1911）后，仍荣居苏州城大小60多家银楼之首。

问：民国时"老万年"变化很大。

答：1916年，"老万年"银楼由史姓后人转让给舒高菜经营，店址迁至城内当时有"金银巷"之称的道前街，1922年舒扬葛继承父业，改店名为"老万年裕记"，但民间仍习称店名为"老万年"，因牌号老、声誉好，在行业内，舒扬葛因而也被称为"葛万年"。

北伐战争后，社会风尚剧变，传统发饰之类的金银首饰需求量减少，"老万年"及时转型，引进国外先进的镀金饰工艺，继续引领西风东渐后的市场潮流。1945 年抗战胜利后，"老万年"由舒扬葛转给孙松卿经营，店号、店址不变。此时苏州银楼达 98 家，资本逾 500 万元的大型银楼有 9 家，"老万年"当时的资产高达 800 万元，仍雄踞苏州诸多银楼前列。

问：我记得，当时苏州城西部盘门、胥门一带居民有一句口头禅："俫是硬，硬得像老万年的金子一样"，苏州方言"硬"的意思指"硬气"，比喻人或店家本领大、资本厚、信誉好的意思，由此可见"老万年"当时在民间的知名度。但是后来"老万年"怎么又到上海去了呢？

答：这就与我家有关了。新中国成立初期，根据《华东区管理金银暂行办法》，苏州 103 家从事金银业的商户悉数奉令转业，店内的"把作师傅（金银工艺师）"转入医疗器械和仪表行业，"老万年"第五代掌门人孙松卿也奉命公开转让银楼业务。

这时，我的曾祖父戚文彩在上海虹口区开了一家牌号"文彩金"的银楼，在苏州另有分铺（铺址在接驾桥今恒孚银楼附近），专门接手苏州客户的金银加工，他知道"老万年"字号的历史与声誉，非常乐意地接手了"老万年"牌号。从此，曾祖父"文彩金"字号就改名"老万年"了，继续在上海一带以金银作坊的形式从事以"黄金苏作工艺"为主的业务。1956 年，国家实行公私合营，"老万年"所有业务并入金属工艺厂，曾祖父戚文彩不再参与经营，在上海颐养天年。他的儿子，也就是我的祖父戚招生，则搬来苏州，从此就在苏州经商立业。

问：原来如此。

答：冥冥之中就有这样的机遇凑巧：2009 年，我准备自主创业，当我得知曾祖父与祖父承接的"老万年"牌号，一度在上海、苏州一带那样有名，那样出色，一个沿承家传业务的冲动就油然而生。何况，我小时候还跟祖父学过金银錾刻工艺，当然，那也只是感兴趣，好玩，并没有想到现在会接这个班。我详细了解"老万年"，特别是曾祖父承接"老万年"业务的来龙去脉，数度进出档案馆，并多次寻访知情者。我父母、姐妹、知情者及相关部门的负责人，都非常赞成我的设想与计划，在家人、亲戚、朋友及相关政府部门的支持下，我终于迈开了创业这一步，经过努力，"老万年"银楼终于被批准重新注册，斥资 3000 万元的"老万年金银有限公司"从此宣告成立。

问：为了适应市民对金银饰品与器皿日益广泛的需求，苏州的金铺银楼业已遍地开花。"老万年"已没有"一枝独先天下春"的优势了。

答："老万年"固然没有"一枝独先天下春"的优势，却有着承载苏州传统金银业数百年声誉的压力。作为"老万年"第七代掌门人，我化压力为动力，集思广益，清醒决策，主动适应市民风情和社会心态的传统与变迁，制作了各种具有传统特色、江南文化元素的金银饰品，适应各个层次的需求，在行业竞争中发展，在发展中提高竞争力，引起海内外业内人士的热切关注。

问：《锦绣苏州》中国画巨幅长卷与金银錾刻是如何相结合的？

答：苏州历史上曾有过"姑苏繁华图"，这就是宫廷画师徐扬于清乾隆二十四年（1759）绘就的《盛世滋生图》。我汲取了《盛世滋生图》的历史经验，联合苏州其他

戚春兰

《锦绣苏州》长卷金银工艺品

17 位画家，组织创作《锦绣苏州》，演绎了当代苏州的繁华景象。正式立项于 2014 年 1 月 3 日，于 2014 年 10 月 26 日告竣。这幅由沈民义、孙君良、徐惠泉、刘懋善、张晓飞等 18 位吴门画家联袂而成的长卷，长 48 米（画芯达 36 米），高 0.6 米，采用中国画技法，观照苏州从水乡周庄、同里，由东而西，直至太湖三山岛，贯穿苏州吴江区、工业园区、相城区、姑苏区（古城区）、高新区、吴中区 6 个区域版块，取材于周庄双桥、同里水乡、退思园、罗星洲、松陵镇、宝带桥、金鸡湖、摩天轮、李公堤、东方之门、文化博览中心、环球 188、中央公园、重元寺、阳澄湖、京沪高铁、荷塘月色公园、葑门横街、拙政园、苏州博物馆、沧浪亭、北寺塔、观前街、双塔、平江路、山塘街、虎丘、相门、盘门三景、胥门、阊门、寒山寺、体育中心、大运河、狮山路商圈、苏州乐园、石湖、上方山、天平山、灵岩山、穹窿山、光福、太湖度假区、太湖大桥、东山、三山岛等苏州传统名胜古迹与当代地标建筑，熔传统的内敛与现代的开放于一炉，集中展示了苏州历史文化的博大精深与当代苏州的独特魅力。

《锦绣苏州》的设计与出品，进一步刺激与发展了金银錾刻工艺，是将高雅的吴地书画艺术与市井文化有机结合的一个尝试，这种创新的商业模式，也是艺术价值传承的真谛所在。早在制作《锦绣苏州》前期，"老万年"就开始研发、设计系列的衍生产品，后来衍生产品非常顺利地出品了。我们不仅将《锦绣苏州》长卷完美精致地镌刻在金银摆件上，还以此制作了许多金银衍生工艺品，让参与制作长卷的所有画家，每人根据自己的绘画风格，从长卷上取材，独自创作一幅画作，然后根据这18幅独具个人风格的作品，分别制成重达10克的珍藏版金条和银条各18方，又制作了18方每方重达50克的典藏版金条。

问：能具体地介绍一下金银錾刻工艺吗？

答：所谓錾刻，就是用各种工具在金、银器具材料表面进行加工的传统手工技艺。几乎在所有传世的表面具有花纹的金银器上都可以找到錾刻的影子。古代常将这种工艺称之为"镂"。现在也叫镌刻、錾刻、镂刻、雕刻，其中最常见的称谓是錾刻。操作步骤是：在设计好的器形和图案上，按照一定的工艺流程，以特制的工具和特定的技法，加工出千变万化的浮雕状图案。具体手法有阳錾（突出饰物表面的雕刻图纹工艺）、阴錾（凹进饰物表面的雕刻图纹工艺）、平錾（饰物表面錾刻的工艺）、镂空（把平刻花纹底子透空脱口的工

G20峰会国礼上的花丝扣

艺）、戗錾（用特制的戗刀戗出花纹，使单一的錾刻作品展现出多层次艺术效果）等。一件精美的錾刻作品，需要 10 多道工艺程序，除了要有良好的技术外，还要能根据加工对象的需要，自己打制出得心应手的錾刻工具等。

问：这样说来，刚才讲的珍藏版金条、银条、典藏版金条等，都用上錾刻工艺？

答：实际上，每一件金银工艺品，没有不用錾刻工艺的。即使我们现在见到的银簪子、孩子的长命锁、一般的制品，都还有錾刻的工艺，何况精美的传世作品。

问：近些年"老万年"有什么新成就？

答：去年，"老万年"获得了国家"中华老字号工作委员会"
认定的"始于清乾隆年间"的"老字号"品牌，获得
了"中华老字号传承创新先进单位"荣誉称号，我本
人也获得"中华老字号传承创新优秀掌门人"称号。

问：听说2016年还有一个很大的动作？

答：是的。2016年9月，20国集团领导人峰会将首次在中国
历史名城杭州举办，这是全球经济合作的重要会议，为
配合会议，我们制作了名为《合礼》的礼品。以寓加强
合作，寻求共识，共创美好未来。大家知道，中国的丝
绸和刺绣，为国家非物质文化遗产，体现着中国工艺传
承创新的最高水平。我们的《合礼》，就由丝绸、刺绣精
心设计构成丝巾和手包套组，有绫罗绸缎绣花丝巾、手
绣真丝手包，合二为一放置在礼盒中。绫罗绸缎自古便
是我国传统纺织文化的符号，以罗为纹织就三潭印月美
景，以绫为缘形成海水江崖边框，展现出浓郁的人文情
节与精致的手工特色。丝巾四周装饰斜砖纹和海浪纹，
象征陆路和海上两条丝绸之路。将参加峰会的20国国花
融入丝巾的设计，表现出参会国之间合作共赢的理念。
丝巾图案为牡丹和金桂，牡丹国色天香，桂花是杭州与
苏州的市花。丝巾上还有杭州西湖标志性景点，体现出
会议地点。《合礼》精心组合中国传统工艺，涉及国画、
丝绸、刺绣、花丝镶嵌、金银工艺。其中金银工艺，就
体现在由花丝镶嵌工艺制作的黄金花丝扣，由黄金打造
的杭州G20峰会包装搭扣上面。

戚春兰

177

附录：

戚氏传承谱系：

戚家延（1876—1939），在上海虹口以作坊形式制作经营黄金工艺品。

戚文采（1897—1972），戚家延子。自小在上海跟从其父制作经营黄金，字号"文采金"。1945 年到苏州接驾桥开设"文采金"分号。1949 年在苏州收购"老万年黄金"字号，以"老万年黄金"字号，在上海、苏州两地，制作与销售黄金工艺品。1957 年公私合营。

戚招生（1916—1983），戚文采子。1945 年起来到苏州"文采金"分号，从事金银錾刻技艺。

戚文基，1941 年 6 月生，戚招生子。年轻时一度在其父身边学艺。

戚春兰，1966 年 5 月生，戚文基女。1979 年开始跟祖父学习传统金银錾刻技艺。

王伟忠

男，1964年生。现为吴江区横扇中学党支部书记、副校长。20世纪90年代开始制作江南花烛。2010年被列为吴江非物质文化遗产"苏南花烛制作技艺"项目代表性传承人。

苏南花烛的传承故事

口述者：王伟忠
访录整理：张建林　殷秀红
访谈时间：2015 年 6 月 6 日
访谈地点：黎里东来阁茶馆

问：听说您是黎里人？

答：是的，建新六队的，村名叫斜网。我 1982 年从黎里高中
　　毕业，1984 年考取南京师范大学。

问：您是怎么会喜欢做花烛的？

答：1988 年 8 月，我从南京师范大学数学系毕业，被分配到
　　横扇中学工作。由于工作比较认真，与同事相处也比较
　　融洽，加之我的为人也较真诚，因此好心的同事就给我
　　介绍对象。后来，两人相处一段时间确定关系后，去了

爱人家里，看到了还是半成品的江南花烛，时间长了，对花烛产生了兴趣。所以，接触和喜欢花烛，主要是因为我的爱人。

问：最初对花烛有什么印象？

答：1988年被分配到横扇中学，作为新教师，只想钻研业务，立足岗位，对其他的事情了解很少，因此，对横扇的风俗习惯不太熟悉。最初以为，花烛只是红色的大蜡烛，最多蜡烛上有一些龙凤之类的图案。其实不是这样的。西横头（即吴江西部地区）婚俗比较隆重，礼仪等相对较繁琐。

问：能否谈谈花烛的一些情况？

答："洞房花烛夜，金榜题名时，他乡遇故知"，一直被古人认为是人生的三大幸事。花烛主要流行于苏沪浙一带，特别是江南，因此人们又把它叫作"苏南花烛"。

结婚点花烛的历史，源远流长。南朝诗人何逊就有"何如花烛夜，轻扇掩红妆"的诗句。明代，苏州文学家冯梦龙在他的许多小说中写到花烛，就《钱秀才错占凤凰俦》一文中就有7处提到花烛。到了清代，花烛的应用更普遍，更具体：新郎新娘在点燃花烛的喜堂内，拜过天地后，由傧相执花烛前行，新郎新娘随后，其他人跟在后面送新人入洞房。进入洞房后，又有"坐花烛"仪式，这时花烛已放在房内桌子上，新郎新娘坐在桌子两边，然后喜娘手捧盛满肉圆、鱼块、青菜、米饭的饭碗走到桌前，边唱祝词，边用筷子夹起相关的饭菜，给新郎新娘吃。现在，"点花烛拜堂"、"傧相手执花烛，送入洞房"、"坐花烛"等婚俗礼仪，依然在苏南农村流行。

王伟忠

问：点燃花烛有哪些细节？

答：一对新人完成结婚仪式后，花烛也要一起移入洞房。点蜡烛时有专人负责看管，看的人要保证两支蜡烛燃烧速度一致，表示夫妻白头到老的意思，如果一支快、一支慢是不吉利的。这时候，看蜡烛的人要想办法让烧得快的蜡烛速度慢下来，也就是在蜡烛上放点盐，使蜡烛同时烧完，图个吉利。还有一个作用，蜡烛燃烧时，会流下烛泪，看蜡烛的人要挑掉。大蜡烛的芯都是麦秆芯，看蜡烛的人要随时把芯剪掉。还有一点也很重要，看蜡烛的人也有安全保护的作用。

问：您是什么时候开始接触花烛的？

答：1989 年第一次去爱人家的老屋里，看到她的爷爷范文尚正在制作花烛，当时他 70 多岁。这是我第一次看到江南花烛，非常惊讶，情不自禁地说："太漂亮了，这是什么啊？"爱人告诉我："这是花烛，当地人结婚，洞房花烛时一定得点的。"爱人向我介绍了江南花烛制作的大概情况，使我对此有了初步的了解。

问：当时您看到什么？

答：正在拍凤。拍凤是花烛制作的一个重要工序。过程是：凤羽的模具蘸水——上金粉——蘸蜡——拍在蜡烛上。这个工序需要七八十片凤羽，是最难的工序。

问：请您介绍一下范文尚。

答：范文尚是我爱人的爷爷，1917 年出生在横扇镇上的一个商人家庭。1930 年，他的父亲送他到震泽丰裕社蜡烛店学做花烛，1936 年学成后回横扇开了瑞昌花烛店，为附近各乡镇老百姓制作花烛。范文尚是横扇唯一一位从事龙凤花烛的艺人，名气很响，结婚用的花烛都是他家制

范文尚制作全套花烛

作的。因此到了结婚季节，生意很忙。新中国成立后，范文尚加入横扇镇合作商店，不再制作花烛。到"文革"时，花烛几乎绝迹。1977年，范文尚退休，出于对花烛技艺的爱好，他拿出了收藏多年、所剩无几的工具，于1984年开始恢复制作花烛。1993年，范文尚的名字收入《中国民间名人录》。2000年11月，范文尚逝世，享年84岁。

问：您是怎样开始学习江南花烛制作技艺的？
答：我的爱人经常帮忙做江南花烛的一些简单的部件，所

王伟忠

以，我们谈恋爱时，没有像一般的恋人那样花前月下的浪漫，而是常常陪她干活。我在边上看，时不时问几句。有一次，她问我，要不要试一试？出于好奇心，我马上回答："好啊。"爱人让我试着在八仙人物的衣服上涂颜色，但第一次涂，没有经验，不知道轻重，刚一拿上手，用毛笔点了颜色准备画的时候，笔尖刚一接触，蜡人就碎了。爱人见状就笑了，她告诉我，蜡制人物很薄，用力一定要轻。于是又重新画，但这一次用力又太轻了，颜色看上去东一点西一点，很不均匀。我又向爱人请教，按照她教的方法，经过几次的失败，终于能够给人物上颜色了。

从此以后，我经常帮爱人做一些下手的活，除了给八仙人物上颜色以外，还给制作好的花朵上金粉，同时也跟爱人学做一些小的部件，慢慢地一些小件制品我也可以独立完成，如给人物上色、浇铸人物、制作小花朵等。慢慢地我开始喜欢上这门手艺，心中有想继续学下去的冲动，但我没有表现出来，在等爷爷的首肯。

问：您是什么时候向爷爷提出学艺的？

答：不敢提出来，但爷爷一直在观察我。我在帮忙做一些小部件的过程中还发生了一些事，这些事使爷爷对我有了另外的看法，也从此开始教我做江南花烛的制作技艺。

记得我在打下手的过程中，经常发现爷爷的手上有伤着的地方，所以我平时就留意爷爷制作的过程，经过自己的细心观察，发现在制作工具中要用到烧木炭的火锅，和利用木炭的火烧铁钎来烙蜡，这样就会出现铁钎伤到手的事情，我心中就在想如果改用电的火锅的话，既可以控制温度，又卫生干净，但没有烫蜡的铁钎，那做好的小部件就没有办法安装到蜡烛上去了，有次无意中看到修电视机的电烙铁，心中突然灵感一闪，把铁钎改换成电烙铁不就成了？所以我就把想法告诉爷爷。爷爷让我去试试，于是我就同我爱人去选购了电火锅，同时另外制作了可以放溶蜡的容具的盖子，另外还选购了电烙铁（5W），并将电烙铁的头部重新压扁，使其更便于取蜡烫小部件。经过努力，做出样品，叫爷爷试着用。用完后，爷爷说此法不错，还表扬了我。从此就改成用电的了。

通过这事，我更得到了爷爷的喜欢，那时我已与爱人成婚，爷爷看我也喜欢江南花烛，就开口问我，要不要学习这门技艺。我开心地表示愿意，从此就开始跟着爷爷做江南花烛了。

问：能介绍一下您是怎样学艺的吗？

答：学习过程还是非常艰苦的，爷爷同意教我后，我首先学基本的剪纸工艺，做江南花烛上用的纸张。纸张不是拿来就可以用的，要经过处理，特别是加厚处理。其次学习制作模具，如何用山芋来制作模具，这个学习过程时不时会伤到手，好在自己的坚持，基本的模具可以自己制作。学习过程中最不易是两个环节的学习：一是拍凤，要一片片羽毛拍到蜡烛上去，要匀称，要构图，做好后要能看出凤凰的样子，所以这个花了好长时间去练习，有时还会被爷爷说；另外就是装配整个完整的江南花烛，从第一部件安装上去到结束，要小心再小心，因为部件都比较薄、易碎，一不小心部件就破了。

经过自己的努力和不断练习，总算有点眉目了。在一起做的过程中，爷爷还会时常告诉我做花烛的一些具体手法与注意事项，这样我的技艺也得到了提升。

从打下手开始，到独自装配完整的一对江南花烛，这样我就基本学会了制作花烛的全套工艺。

问：江浙一带，别的地方是否还有人做龙凤花烛？

王伟忠

185

答：嘉兴有。我听说有个程国华老阿太，是做花烛的，在2011年时去拜访过她，当时她已90多岁，不做花烛了。她做的花烛跟横扇的基本一样，她的龙头做得较好，是蜡烛做的。横扇的花烛，龙头是蜡烛加部分剪纸。我想知道她的龙头是怎么做的，探讨一下。我看过她的成品，相对而言，我们做的花烛比嘉兴的要漂亮，整体效果好。程国华只是简单介绍了一下制作工艺，比较保守。她的儿子也做花烛，但是很晚才学的。听说她收过一个杭州美院的老师做徒弟，具体情况不清楚。现在，嘉兴已经没有做花烛的了。南浔现在有花烛，但比较简单，只在蜡烛上插剪纸。

问：您现在还在做花烛吗？
答：不做了。除了学校上课，做一点给学生作示范。

问：为什么不做花烛了？
答：由于我工作职务变动，工作更加忙，爷爷身体的原因不能继续做花烛，另外加上家庭的经济条件越来越好，新婚的房间装修得更华丽，而在点花烛时会有黑烟产生，经常把装修好的顶给熏黑，花烛上的插件也会在点的时候掉落下来，构成安全隐患，所以购买花烛的人家变得少了，这样江南花烛的市场也变小了，慢慢地就不再生产了，我也就安心教育事业了。

问：横扇中学把苏南花烛制作技艺作为特色教学，具体是怎么做的？
答：学校领导知道我会苏南花烛的制作工艺，加上学校要开设学生的社团活动，所以学校领导多次与我联系，想让我把这门非物质文化遗产在学校里开设一社团活动。2013年秋季学期伊始，横扇中学把"苏南花烛制

范文尚和孙女婿王伟忠正在研究
花烛制作

王伟忠制作的江南花烛获得
2014年首届中国（苏州）
民间艺术博览会金奖

作技艺"作为学校的特色教学，并在松陵镇社会事业
局的大力帮助下，完成了工作室的布置工作。还编写
出校本教材《苏南花烛》，其中翔实记录了横扇苏南花
烛的"历史渊源"、"辉煌成就"、"制作技艺"、"发展
方向"等内容。我承担了这一校本课程的全面实施工
作，在学校开设了教授花烛制作的特色班，布置了专
门的教室，添置了应有的设备，利用这一契机，让苏
南花烛的制作能够传承下去。

问：您对苏南花烛的传承有什么想法？
答：苏南花烛是纯手工的工艺制作，所以比较难学，我学习

王
伟
忠

与传承的过程中存在一个遗憾与一个期待。遗憾的是滚龙（整个蜡烛上盘上一条龙）工艺制作没有全部学会，只看到爷爷做的过程，自己没有动手做过，所以以后有机会再研究制作了。滚龙工艺已失传，但其手法是一样的。如果花一点时间，我想是可以做出来的。我至今没有徒弟，这门手艺如何在我手上传承下去，好在现在学校开设了苏南花烛培训课程，期待有缘人将此传承下去。我还有一个设想，就是想把苏南花烛的制作工艺全部做成视频，这样花烛的制作过程可以作为资料保存下去。做一对龙凤花烛需要两天半时间，适当的时候，我可以请学校的同事录制一下。

王祖识

女，1933年生。1954年
7月进苏州市文联刺绣小组。
长期担任刺绣技艺指导，在
双面绣、针法汇编等方面做
出过重要贡献，为唯一获得
"国际和平奖"的中国刺绣
艺术大师，为非物质文化遗
产苏绣项目江苏省级代表性
传承人。

国际和平奖　终身刺绣情

口述者：王祖识

访录整理：林锡旦

访谈时间：2015 年 8 月 27 日

访谈地点：道前街和茶馆

问：请您简单介绍一下身世。

答：我 1933 年农历七月二十八日出生在苏州木渎镇南街上。1954 年搬到苏州城里迁户口，派出所定阳历记载，就定了 8 月 28 日。父亲王春寿，祖籍安徽，在木渎南街开爿小米行。母亲杨银宝，吴江人，共生育六个子女（四子二女）。父亲有眼疾，约 1941 年父亲就关店歇业，生活陷入困境，靠母亲季节性打工（拣瓜子、剥枣子等）和变卖家具，勉强维持生活。三个阿哥在十三四岁分别出门学生意。我排行第五，大阿姐名霞，后因王霞连在一

王祖识与学生在绣品街合影

起不好听，就改了男方的姓，称吴霞。我在 10 岁就到大
阿姐家帮忙。

问：您啥时候学会的刺绣？

答：我大阿姐比我大 15 岁，从小学习刺绣，是一把好手。23
岁结婚，姐夫吴根泉，是祖传做刺绣"放收生意的"（即
将刺绣原料和任务发放到绣工手中，待绣好收回检验质
量付工钱的工作），由于父母早亡，由他姐姐帮助主持绣
庄生意。姐夫文化程度高，又略懂绘画知识，绣庄经营的
都是上海顾绣庄的高档绣品，有佛经、字画、人物等。
大姐家忙不过来，阿姐整天刺绣，我开始做家务，并跟

王
祖
识

191

姐夫学记账，空下来就跟阿姐学刺绣，兴趣很高，坐下去就不想站起来，姐夫的姐姐曾夸我"做的活计像刀切一样"。到12岁，我已经能对刺绣不到位的作品作修补了，我的刺绣就是在大阿姐家打下的基础。1949年后，因世界和平大会需要，李娥瑛接到一批双面绣和平鸽手帕的国家礼品任务，邀我同绣，阿姐还请来一位姓陈的老师来教我双面绣，不分粗细，针眼清爽，我很快学会，并绣了4块和平鸽手帕，这是我第一次做双面绣作品。1952年，木渎刺绣同业公会成立，要绣一幅（1米×1.5米）会旗，图案是一只和平鸽站在地球上。由陆秋英老师和我共同完成，得到刺绣同行的赞扬。这是我早期的双面绣作品。

问：怎么到苏州来刺绣的？

答：先是阿姐吴霞1954年考进苏州市文联刺绣小组，做的是打籽，后来因为家中走不开，没有报到。当时我在木渎粮库做记账员（义务），阿姐考虑我的前途，就叫我去考。当时我没有到过苏州，1954年4月22日，我小姐妹包美金陪我到苏州绣线巷10号报名。说考绣在里面一进，主考老师朱凤当时叫我绣打籽，不合格，她问我："你还会绣什么？"我答："会双面绣。"当即又绣了一张双面绣山茶花叶。朱凤见后马上说："你明天来上班吧。"由于住宿没着落，我到7月1日才正式到绣线巷上班，做双面绣围巾。1955年4月迁史家巷32号。当年12月16日，苏州市文联刺绣小组转为苏州市刺绣工艺美术生产合作社。金静芬为主任，我担任副主任（负责日常事务），朱凤、任嘒閒、周巽先任刺绣技艺指导员。1958年3月8日刺绣社搬迁到西百花巷，成苏州市工艺美术研究所的实验工场，后发展为苏州刺绣研究所，大门改在景德路现址。

文联刺绣小组主要承接国家礼展品，绣稿系当代著名画家于非闇等国画，在小组里有朱凤、任嘒闲、周巽先等指导，有姐妹共同切磋技艺，还经常请当时苏州著名画家来点评。我在小组内如鱼得水，刺绣技艺进步很快。

问：当年绣双面《五彩牡丹》的过程是怎样的？

答：1955 年初在绣线巷时，布置我用散套针法绣一幅大约高 1.5 米、宽 65 厘米的双面绣《五彩牡丹》地屏（于非闇稿），这是有史以来第一幅用散套针法绣的双面绣。散套针用针要参差排列、批批相接、针针相嵌，要求绣者有扎实的刺绣基本功。朱凤指导我首先要找准花朵的中心，丝理均按中心转折，并给我画了丝理，我在一朵紫红花上试绣，排针不能太紧，不能太稀，丝理要求和顺，反面针眼不能显露。当时我感到非常新鲜，十分喜爱，由于幅面大，绣好半朵后又安排李娥瑛、蔡文华一起绣。经过 4 个月的努力，第一幅双面绣《五彩牡丹》完工。1956 年 2 月我带作品参加在南京召开的江苏省手工业展览会，作品获江苏省手工业联社一等奖，同时我被评为"江苏省社会主义建设积极分子"（即江苏省劳动模范）。同年 3 月 6 日《新华日报》发表宗亚杰文章《刺绣能手王祖识》。1980 年 12 月，江苏省人民政府重新补发了"王祖识同志曾于一九五六年二月出席江苏省先进生产者代表会议，荣获先进生产（工作）者称号，特发此证，以资纪念"的证书。

问：1959 年绣制的巨幅《松龄鹤寿》（陈之佛稿），你是参与创作者之一，有什么体会？

答：这幅作品是当时最大（3.2 米 ×1.5 米）的双面绣地屏，绣面上松树下 10 只不同姿态的仙鹤（后俗称《十鹤图》），有左顾右盼的，有相互呼应的，有张嘴鸣叫的，有闭嘴玉立静观的，是我与叶文庭、殷濂君等一起绣的。这也是我第一次绣这样大幅的双面绣。要将鹤的颈部弯曲黑白和不同姿势的羽毛片光绣出来，是刺绣不同于画稿的最大区别。这对大家来说都是一次挑战和提高技艺的机会，而且时间紧迫，我们三班倒又加班加点，终于在国庆十周年之前送到北京，布置在人民大会堂江苏厅。这幅《十鹤图》也成了苏绣的经典绣品。

问：您几十年绣下来，有哪些佳作？

答：1956 年在史家巷时，我试制成第一幅双面绣小猫，是曹克家画的《双猫》，我先绣一只黄猫，李娥瑛绣一只黑白猫。1957 年 7 月初成立双面绣小组，由李娥瑛、顾文霞等 8 人组成，进一步研究双面绣技艺。搬到景德路后，我被安排在针法研究室进一步研究双面绣花鸟、小猫等作品。1961 年邀请曹克家来苏传艺后，掀起绣双面绣小猫的热潮。我先后绣制《波斯猫》《大白猫》《友谊猫》、《八猫》《花瓶猫》《双猫扑蝶》《红底石头猫》《双猫戏嬉》《拉毛猫》等，其中《白猫戏螳螂》在 1972 年全国工艺美术百花奖评比中获金奖，我奖到一本笔记本。苏绣双面绣猫由此成为苏绣一个特色品牌。

1962 年，配合李娥瑛的"针法汇编"工作。我绣了"鸡毛针"、"辫子股"、"编针"、"网绣"、"格锦"等 20 多页。其中《花鸟汇编》50 页，分上、下册，由王祖识、仲秀英绣制，《日用品花鸟针法汇编》22 页，由仲秀英、章秀民、王祖识绣制，《格锦种类》6 页，由李娥瑛、王祖识、吴玉英绣制。这项工作系统地总结了苏绣针法，丰富了苏绣的表现能力，为后人留了一份宝贵的针法实物资料。

1964 年，绣制大型绣品《开国大典》，我绣了其中的宋庆龄头像。"文化大革命"期间，在 6.4 米的《工人阶级必须领导一切》中，我绣制毛主席头像。还绣制过《南京长江大桥》、《金沙江》、《成昆铁路》、《庐山仙人洞》、《工铁人》等作品。还创作了双面绣《杨子荣》（剧照）台屏，这是历史上第一幅双面细绣人像。1972年，绣制《西哈努克亲王像》（合作）和《莫尼克像》（与洪茂珍合作）。

1979年我创作了《西丹兰小姐》（世界名画），作品还未完工就拿到南京展出，展出刚结束，北京电影公司闻讯赶来苏州将其拍成电影《东方红》。1981年我开始研绣双面三异环形绣《梅花鹦鹉》（施仁稿）。要在轻薄透明的底料上绣出一只立体鹦鹉，一面是背部的翅膀、硬羽，另一面是胸部的软毛。我边绣边研究，很费心思，特别是脚爪，一面是脚背，一面是脚爪，细微处要绣出不同效果。除异色异样还用了异针法，一面用散套针，一面用小乱针，我足足花130个工时，才完成此作品。后在日本展出时，被日本北海道旭川市优佳良织工艺馆购买，作为精品永久性收藏。

问：近年任嘒閒亲自监督，您负责技艺指导的《富春山居图》长卷绣品在上海世博会苏州馆展出。您的体会是什么？

答：在全国"两会"上，温家宝总理希望分藏海峡两岸的传世名画《富春山居图》能早日团圆。早在2003年，苏绣就已经将它们"团圆"了。任嘒閒一心想创作出传世精品，晚年决定创造刺绣版《清明上河图》、《姑苏繁华图》、《百骏图》和《富春山居图》四幅绝世之作。

1999年任嘒閒成立大师工作室，她找我商量，希望我帮她一起工作。2000年6月正式聘我为工作室艺术指导和刺绣质量副总监，我开始为任嘒閒工作室筹建刺绣工场，从最初姚美英为主的五六人（原来跟我绣的学生），逐渐发展至今40人，绣制的作品有花鸟、山水、人物、

王祖识

195

王祖识的作品

动物、字画等。其中仿古长卷《渔隐图》(文徵明稿)、
《白莲社图》、《溪山清逸图》(马远稿)、《虢国夫人
游春图》、《布袋和尚》、《白孔雀》、《秋色佳》、《饮中
八仙图》等数百幅,均由我指导和总检。先后在日本、
韩国、俄罗斯、美国、乌克兰、德国、芬兰、波兰、
意大利、叙利亚、土耳其及中国香港等地展出,引起
轰动,多次获奖。
　《富春山居图》是一幅具有极高历史价值的作品。完成
于 2003 年 3 月,可惜任嘒閒在此前一个月去世了。整幅
绣品宛如画家的丹青笔墨,不一样的是,丝线绣出的《富
春山居图》多了几分线光绣色立体感。这是对画作影印

件的"二次创作",是任大师和全体参与者同心合力的作品。我为能参与这幅巨制的技艺指导而感到欣慰。

问：这些年，经您指导的作品有多少？

答：退休后我主要担任技艺指导和质量总检工作，经我指导的产品不计其数，其中难度较高的作品有：

长卷类：除以上提过的外，还有《八十七神仙卷》（吴道子原作）、《群仙祝寿图》（任伯年稿）、《秦淮胜迹图》（南京来稿）、《百子图》（启功原作）、《一百罗汉图》（弘一稿）、《维摩演教图》等。

人像类：刺绣人像是难度最大的绣品，25 年来中国苏绣艺术博物馆、杭州刺绣研究所、开封汴绣厂等单位接到人像订货，有时通过我指导刺绣。其中著名的有《孙中山和宋庆龄结婚像》、《马来西亚总统夫妇像》、《日本天皇夫妇和儿子儿媳四人像》、《刘少奇像》、《邓小平像》等。台湾商人廖建洋做高档无缝钢管生意，业余酷爱刺绣，1992 年经人介绍，第一次来大陆订一幅《父母亲双面绣肖像》。1994 年完成后非常满意，又陆续绣《观音像》、《圣母子像》（世界名画），另外订制了鲤鱼、小猫、佛经（书法）等 20 多幅，用于私人收藏。在 20 多年交往中，我们建立了友谊和信任，后来他干脆认我为干妈，对我很是关心。

双面异色异样绣：杭州学生陈水琴接受了一幅双面三异绣《水果盘与花篮》（油画稿）。图稿新颖，色彩鲜明，一面是鲜花和花篮，一面则是水果盘和各色水果。针法各异，一面细绣，一面细绣加小乱针，绣成后鲜艳夺目，曾连续绣制过多幅。

问：据说镇湖许多绣娘都曾拜您为师，您在传承与创新方面做出哪些贡献？

王祖识

答：20 世纪 60 年代初，杭州工艺美校学生陈水琴、鲁丽官、赵寿荣（男）来我所学刺绣，领导安排我担任老师，3 人分别学绣小猫、仕女、花鸟。经半年教授，他们从完全不懂到初步掌握了基本要领，回校毕业后，均在杭州工艺美术研究所从事刺绣工作，接到高精尖作品均请我指导，技艺突飞猛进。陈水琴现为中国工艺美术大师，鲁丽官后进美校任老师。

1982 年，国家有政策，艺人可带子女传艺，我女儿施怡高中毕业后由单位领导安排进研究所学刺绣，随我进入细绣针法研究室。从基本针法开始，专攻花鸟绣，现为工艺美术师（中级职称），退休后仍被刺绣研究所留用。

20 世纪 80 年代，镇湖刺绣迅速成长，绣娘渴望得到技艺指导，有些学生找到我要拜师学艺，在镇湖跟我正式拜师的学生有：

卢福英（现为研究员级高级工艺美术师、非物质文化遗产苏绣项目省级代表性传承人），邹英姿（现为研究员级高级工艺美术师、江苏省工艺美术大师），蔡梅英（现为研究员级高级工艺美术师、江苏省工艺美术名人、苏绣高新区代表性传承人），陈红英（现为研究员级高级工艺美术师、苏绣高新区代表性传承人），王建琴（现为高级工艺美术师），钱建琴（现为高级工艺美术师），卢梅红（现为研究员级高级工艺美术师、江苏省工艺美术名人），倪雪娟（现为研究员级高级工艺美术师），姚红英（现为研究员级高级工艺美术师、江苏省工艺美术名人）。以上几位学生均在镇湖开办自己的刺绣工作室，绣品在世界各地展出，先后获得各级奖励，已经成为镇湖刺绣行业中一支骨干队伍。

另外还有苏州的周四妹（现为工艺美术师），广东中山市的周雪青（现为广东高级工艺美术师），河南开封的韩玉琴（现为高级工艺美术师、河南省工艺美术大师、河南

王祖识获国际顾氏和平奖

省非物质文化遗产项目汴绣代表性传承人），镇湖还有郁玲芳、严美华等人也都正式拜过师。

我相信，现在的刺绣艺人条件比我好，一定能超过我们这一代。这也正是我所希望的。

问：您在 2006 年度"顾氏和平奖"评选中脱颖而出，获得国际和平奖，菲律宾前总统阿罗约亲自为您颁奖。请介绍一下这个大奖。

答："顾氏和平奖"是经联合国认可的、在国际上具有一定影响的国际性奖项。该奖由菲律宾著名政治活动家赫梅尼亚诺·哈威尔·顾氏在 20 世纪 70 年代中期创立，主要奖励在科学、艺术、文学等领域致力于促进人类和平、和谐、尊重人类生命与尊严并做出杰出贡献的个人和团体。自 2002 年起，该奖项每年颁发一次，其候选人来自世界各地。评选委员会由来自德、美、法、中、菲等国的评委组成，对来自世界各地的候选人进行精心反复评选。

2006 年据顾氏评审委员会发往苏州刺绣研究所的邀请函上说：“王祖识女士多年从事苏绣的一线工作，创作了众多苏绣艺术精品，培养了众多的苏绣人才，为苏绣这种传统手工艺的挖掘、传承和发展做出了积极的贡献。经顾氏和平奖评审委员会审定，授予‘顾氏国际和平奖’。”授奖会上，菲律宾总统阿罗约亲自为我颁奖。

这也让苏绣再次成为世界和平的代表和使者，宣扬了中国传统文化的魅力，为中国争了光。2012 年，我由中国工艺美术学会、中国轻工业联合会评定为中国刺绣艺术大师。

余鼎君

男，1942 年生，常熟市
尚湖建华村人。非物质文化
遗产宣卷·常熟宝卷苏州市
级代表性传承人。

我与常熟宝卷的故事

口述者：余鼎君

访录整理：诸葛时　高保根

访谈时间：2016 年 5 月 22 日

访谈地点：常熟市尚湖镇建华村余家

问：您是什么时候学讲经的？师承何人？

答：很晚了。1998 年，我跟大哥余宝钧学讲经。

问：是祖传吗？

答：是的。我父亲叫余俊章，字浚渔，生于 1901 年，卒于
1968 年。他 17 岁到尚湖北滨的湖甸上做私塾先生，同时
跟姚姓先生学讲经。大哥也不晚，17 岁就跟父亲学，2011
年去世，享年 85 岁。就讲经而言，我可算第三代。

问：以前都认为宝卷是封建迷信，而您曾在练塘文化站待过，也算是个乡村文化人，您是怎么想的?

答：1949 年常熟解放后，讲经被列为封建迷信活动禁止了。宝卷被查没，烧毁。但好多讲经先生不死心，应付交出一部分之后，想方设法藏起了一部分。有的藏在灶膛底下，有的藏到瓦楞里。后来拿出来，好多被老鼠咬坏了。老先生们只得凭着记忆勉强把它补起来。1976 年"文革"结束，接着拨乱反正，百废待兴。讲经宣卷也"死灰复燃"，但只能"地下活动"。我从小接受的是共产主义教育，对于父辈的讲经宣卷，与大家一样认为是封建迷信。后来，我在练塘文化站从事群众文艺创作，觉得讲经宣卷可能也算是一种民间文艺，不妨拿来看一看。我从大哥处拿来了几本宝卷，逐一细阅，发现宝卷并不像人们说的那样如瘟疫一般。1998 年，我跟大哥去讲经，进一步探究宝卷。

问：接触下来怎么样?

答：接触以后，看见了宝卷的真面目。原来，宝卷并非瘟神祸水，而是教人如何做人的课本。说宝卷是封建迷信的人，或许根本就不知道宝卷是什么样子的，或者说根本不认识宝卷的内涵。比如，宝卷极力主张忠孝节义，这是中华民族之魂，如果每个人都不忠、不孝、不节、不义，那么，这个民族将是一个什么样的民族! 宝卷宣扬善恶果报，劝人戒恶从善，是一片慈悲之心。当然，有些人歪曲宝卷的本义，利用宝卷去行骗，图谋不轨，把宝卷搞成"迷信"，那是歪嘴和尚念经，把经念歪了，这不是宝卷本身的罪过。

问：听说您收集了不少宝卷?

答：是的。新中国成立后的三四十年间，经过"破四旧"、

"文化大革命"等运动，宝卷屡经查抄、没收、烧毁，留下来的十分稀少，讲经先生手里的本子十分有限。我在继承大哥手里的宝卷的同时，开始打听、求访、收集宝卷。有原抄本的，就动手抄下来，不能拿到原抄本的，就借来复印。听说练塘翁家庄有个叫王强的人，手头有不少宝卷，而我在文化站时就认识他，于是找到他家，他却在市二院住院治病，说是生了骨癌。年纪才60多一点，很可怜。第二天，我带了一些营养品去探望，提到向他借宝卷时，他似乎有点舍不得。隔了几天，我再去，他出院了。赶到他家里，他躺在藤榻上，状况不太好。这次，他有感于我的诚意，松口了，说过两天叫徒弟来归一归，再打电话给我。过了几天，我不等他的电话，又去了。见宝卷归好了，几大堆，放在他藤榻旁边。他对我说，有不少是他先生抄的，先生叫邬林宝，已离世多年了。我拣了一些手里没有的宝卷，还选了几本抄录较早的本子，说："按规矩写个清单给你吧。"王先生说："好的。"王先生声音很低，已显得有气无力了，但对他的"家当"依然视若珍宝，我很感动。我抓紧时间复印，第三天就去奉还。不久，王先生谢世了。我感到很庆幸，否则，要觅这些宝卷，不知要费多少周折。10年下来，我收藏的宝卷已达到250多种。

问：说您对宣讲的宝卷都要修正，而且还自己编写，是吗？
答：是的。讲经，等同于讲课，讲如何做人的课，所以一定不能乱来。传统宝卷是旧时代留下来的，或多或少有些不尽理想，比如：文字冗长、啰唆，有错别字、破格句等等，也有些消极的东西。讲经这个行当，不同于其他职业，不能只顾弄几个铜钿。如果这样，百姓也不会尊重你。讲经对人们的思想观念起着不知不觉的左右作用，所以，讲经先生要有社会责任感，要以慈悲为本，信众

余鼎君所藏宝卷

为上，对有毛病的本子，必须加以修正。至于新编，我是根据需要而为的。比如《和合宝卷》，我是看到社会上婚姻状况不稳定，而婚姻不稳定，家庭就会不稳定，家庭不稳定，就会带来社会不安定。所以编出了《和合宝卷》，祈愿人们确立正确的婚姻观。宝卷出来以后，挺受欢迎，现已流播全市。

问：您修改、新编了多少种宝卷？
答：迄今为止，我倾尽全力、认真修改的宝卷有 100 多种，新编的宝卷有 20 多种。凡需要宣讲的宝卷，我大多要重审修改一次，最起码在文理上、措辞造句上也要理一理，以提高文学品位。编写新宝卷，也应接地气。

问：现在，您在宝卷领域，无论是学术界，还是行业中，很有名气，一路走过来不容易吧？

答：一路走来，说难，也不算难，说容易，也不容易。大政治气候是个关键。当初，上层有了非物质文化遗产这个提法，给宝卷有了一个生存的空间。因为有了这个空间，我开始收集、研究宝卷，并着手修改老宝卷，编写新宝卷，意欲把处于底层、为文人所鄙弃的宝卷向文化靠拢。2006 年，我要出版一本宝卷，找到了原在文化馆创作室工作过的老朋友王建东先生，当时他已退休，他帮我联系了叶黎侬先生。叶黎侬先生在南京大学读书时，听过著名教授高国藩先生讲宝卷的课，对宝卷有所了解，他一听说是出宝卷，很兴奋，说："宝卷是个好东西。"他马上拉起电话，打到南京，一分钟搞定。为提高该书的品位，叶老师还请高国藩教授写了序。高老师为了写序，特地到我家里来采访，在建华村住了一个晚上。那时，我手里已有 160 多种宝卷。这也算是个了不起的数字了。这本宝卷，还请时任中国佛协副会长、灵岩山住持明学大师题了词。2007 年 7 月，这本宝卷在中国文史出版社出版。出版以后，常熟广播电台做了报道。这次报道，非同寻常，它向常熟公众传递了一个信息：宝卷宣讲在常熟有转机了。同年 11 月，叶老师带了扬州大学的宝卷研究权威专家车锡伦老师来做田野调查。这次田野调查是车老师自费的，是常熟理工学院的沈潜老师开车送他来我家里的。其时，我跌碎了膝盖骨，躺在床上休息。车老师看了我收集的宝卷，很高兴，说："有好些是我第一次看到的，""不虚此行！"这次调查以后，车老师写了《江苏常熟地区的"做会讲经"和宝卷简目》，指出张家港的"河阳宝卷"其实就是"常熟宝卷"。"常熟宝卷"这四个字就此跻身学术论坛。

问：这本宝卷出版后，引起哪些反响和评价呢？

答：出版后，常熟电视台的张君和章敏辉两位主任拍摄了电视纪录片《宝卷传唱人》，这个传唱人就是我。这部片子获得了苏州市优秀广播电视节目奖，后来在 2009 年获得了国家广电总局的《纪录・中国》铜牌奖，这说明常熟宝卷获得了国家的认可。当然，片子的播放，也让余鼎君这个人被大家知道了。之后，我写了一篇《江苏常熟的讲经宣卷》，全面介绍了常熟地区讲经的全过程，过去是怎么做的，现在是怎么做的，并回答了为什么要这么做，把常熟的讲经宣卷理成了一个完整体系，把常熟的讲经宣卷从零散的表演形式上升为理论文本，于 2012年 12 月发表在台湾的《妈祖与民间信仰》上。常熟宝卷名气出去了，好多学者都来采访。有北京大学中文系教授陈泳超、台湾"彰化师范大学"教授丘慧莹、俄罗斯学者白若思、扬州大学教授陆永峰、常熟理工学院教授史琳、美国哈佛大学孙晓苏等等，他们大多写了论文介绍常熟宝卷。从此，常熟宝卷在国内外俗文学界有了一席之地，也让常熟的讲经先生们终于有了一种如释重负的感觉。

问：常熟宝卷今年已公布列入省级非遗代表性项目，在申报非遗过程中你做了些什么？

答：没能做什么，能做的，只是呼吁。最后还是在叶黎侬等有识之士的奔走之下，市政协委员郑进芳女士提交了保护常熟宝卷的提案，市里将宝卷列入非遗申报项目。之后的具体工作都是民保办做的。先是 2010 年尚湖宝卷(申

余鼎君抄写宣卷　　　　　　　　余鼎君讲经

报材料是本人起草的）和白茆宝卷通过专家论证，列入常熟市非遗项目。2011年列入苏州市级非遗项目。今年列入省级，目前正申报国家级。

问：《中国常熟宝卷》出版了，洋洋230万字，4大册，装帧也显王者霸气，可谓传世巨著。听说是你主持编纂的？

答：我是参与者。《中国常熟宝卷》工程浩大，从征集到成书，调动了多方面的专业人员，大家呕心沥血，历经将近3年，称它巨著，确实也不为过。但这是一个上下一心、通力协作的成果。我只是做了我擅长的一部分，比如篇目的选定、专业方面的审核、撰写卷前说明、起草《概况》，仅此而已。不过，促成这项工程的启动，倒是有一点呐喊的苦劳，但最终定音，还是仰仗叶黎侬老师和殷丽萍女士，通过政协提案，向市委市政府呈建言报告。

余鼎君下乡征集宝卷

余鼎君与俄罗斯学者
白若思（中）合影

问：作为常熟宝卷研究专家，您还有些什么研究成果呢？

答：专家不敢当。北京大学的潘建国教授说我是研究型讲经
　　先生倒是恰如其分的。做什么事情，都要有研究才能做
　　好。我撰写的《江苏常熟的讲经宣卷》，是对常熟宝卷宣
　　讲仪式的记录、梳理，将其上升为一个完整系统；编著
　　的《常熟宝卷存目》，是对常熟宝卷家底的盘点；我还记
　　录了常熟宣卷唱腔的简谱。这些都收在《中国常熟宝卷》
　　里，这就把常熟的讲经宣卷定在记忆柱上，从此不再遗
　　失。这就是对常熟宝卷的抢救和保护。

　　此外还写了几篇专题性的文章，其中，《江苏常熟宝卷中
　　的妈祖》，参加 2014 年 8 月在扬州大学举行的"中国宝
　　卷研讨会暨中国俗文学学会 2014 年会"，并收入会议论文
　　集。此文填补了原来"宝卷中没有妈祖"、"妈祖资料中
　　没有宝卷"的两项空白。《常熟宝卷与常熟社庙》，参加

余鼎君

2014 年 11 月在靖江举行的"中国宝卷生态化保护与传承交流研讨会",并收入会议论文集。保护宝卷基本是两大块,一块是文本,另一块就是宣讲场所。社庙既是民俗活动——做社(庙会)的基地,也是宣讲宝卷的基本场所,理应加以保护。2014 年 12 月,苏州大学徐国源老师受苏州市委委托做吴地宣卷活动调研时,我陈述了这个观点,要求他写入调研报告,请求政府批准每个村至少保留一只社庙。

问:您觉得宝卷的前景如何?
答:常熟宝卷所以盛而不衰,全是因为信仰支持。现在有些人想把宣卷引向纯娱乐方面,这是死路。以前苏州模仿评弹,开创了"书派宣卷",杭州民乐社吸收"维扬大班"的唱腔表演搞了"化装宣卷",都没了,这是前车之鉴。历史证明,任何一种娱乐形式都会随着时代更替。我以为正确对待民间信仰是传承宝卷的关键。

问:您有什么要求吗?
答:我已是七五老人了。我接触宝卷以后做了两件事:一是收集宝卷,并把它介绍给社会,让宣卷取得"台面化",这是保存。二是修正、新编宝卷,以期待把宝卷品位提高,跻身文化殿堂,这是发展。现在《中国常熟宝卷》已经出版,保存工作已取得卓著成效,但发展一头,还需努力。我想把我修正及新编的宝卷汇编出版,以影响常熟的宣卷。希望能得到支持。另外,常熟宝卷还有许多课题需要研究,希望非遗部门组织深入研究,编著《中国常熟宝卷研究论文集》。

俞
桃
珍

女，1938 年生。太仓双
凤羊肉面制作技艺传承人，
中华老字号"俞长盛羊肉面
店"第三代传人。

双凤羊肉面制作技艺

口述者：俞桃珍
访录整理：周国华
访谈时间：2014 年 4 月 23 日
访谈地点：俞长盛羊肉馆

问：俞女士，您生于哪一年，在哪一年开的羊肉面店？

答：我生于 1938 年 3 月，于 1988 年 3 月开设羊肉面店。

问：您怎么想到开羊肉面店的？

答：我原在镇办的双凤金属丝网厂工作，1988 年从企业退休后，寻思发挥余热增加家庭收入的门路，就想到家里有祖传烹饪羊肉的技艺，且有沿街门面房，于是在该年3 月，由我申请，经工商行政管理部门审核批准，开设羊肉面店。

烧好的羊腿等

问：您祖上何时做羊肉生意的？

答：我家在双凤镇中市桥东的寺西巷，属镇东部闹猛地段，祖父俞长顺于民国初利用沿街门面房开店设坊，俗称"羊作"，时人呼其为"俞长顺羊作坊"，开始从事担卖或摊卖熟羊肉的经营。当年收购活羊用的一杆老秤传承至今。抗战期间，商业萧条，双凤部分羊肉面店关闭，我家的羊作坊时开时停。抗战胜利后，由我父亲俞宝观恢复羊作坊，继续经营，直至1951年新中国土地改革时歇业，弃商务农。因此，我从小就耳濡目染父亲烹饪羊肉的技艺。

问：面店起始期的概况及如何日趋兴旺的?

答：面店创立初期，由我与老伴为主，再雇佣两个帮手。秋冬羊肉面经营期间，每天早晨4点半起身将面挑回来开始，一直要忙到晚上10点多，收拾洗刷好桌面上的碗筷等才能休息。那时3个女儿、1个儿子和媳妇还在单位上班，只能等下班后才能来店里帮忙，学习羊肉面制作技艺。白天除了应付一天的业务外，我有时还要挤出时间，与帮手一起到沙溪、鹿河及周市等地收购运回品质上乘的活山羊，储存在自家的小屋内。用时按需逐日请人宰杀。当年一般每天宰一两只羊，星期六要宰4只羊，因为星期天食客多。由于羊肉面价廉物美，服务态度又好，故获得食客好评，生意逐渐兴旺起来。

问：请您说说羊肉面的制作技艺?

答：双凤羊肉面以红烧羊肉为浇头，以精作细面为料，以羊肉原汁配汤。盛在碗中的面条整齐有致，油光水滑，盖在上面的羊肉浇头浓油赤酱，洒在面上的几许大蒜叶末子生青碧绿，可谓包含饮食中"色香味"三要素，呈现出吴文化的"精、雅、细、巧"的特征。双凤羊肉面的浇头羊肉香而少膻，面柔而不烂，汤油而不腻，食后回味无穷。

我对羊肉的选料特别讲究，选购30至40斤的公山羊为羊肉原料，羊肉反复洗净后，将一只羊一切4块置入锅内，清水及姜、黄酒、茴香、酱油、羊油等放入锅内同煮，以木柴文火焖煮四五个小时，待肉香扑鼻、皮嫩肉酥、骨肉分离时，旋即揭锅取出，剔骨后装盘，备作羊肉面浇头。其汤留作配面。昔日双凤羊肉面的面料是手工精制面，俗称"挑面"，即是擀面师傅将适量清水冲入面粉拌和成面团，继而用一根竹制面杖将面杖一端用带子系在师傅腰间，另一端压住桌台板上的面粉团不断挑压，

烧好的羊肉

使之摊成筋道滑爽薄薄的面皮子，然后用刀将皮子切成细面条。这种"挑面"堪称艺术杰作，面条细、柔、滑、韧，下锅入水一煮便熟，久煮也不烂，口感极好。随着生面需求量的增加及制作工艺的机械化，现今采用的是机制的细面条。

问：双凤羊肉面制作技艺于哪一年被列入苏州市非物质文化遗产名录？

答：2011 年 6 月，我店的双凤羊肉面制作技艺被列入苏州市非物质文化遗产名录。《太仓日报》、《苏州日报》、《新民晚报》、《解放日报》、太仓电视台、苏州电视台、上海东方电视台等媒体对"俞长盛羊肉面"、"俞长盛全羊宴"作为地方特色饮食文化了以报道弘扬。

问：贵馆何时首推"全羊宴"？
答：随着人们消费水平的日益提高，一碗传统的羊肉面难以适应消费者的饮食需求，我店与时俱进，于20世纪90年代，在继承双凤羊肉面特色的基础上开拓创新，将羊身上的耳、目、舌、脑、肾、肚、心、血、鞭等部件分别入肴成馔，通过菜肴搭配，调料运用，采用或红烧，或清炖，或冷盆，或热炒等厨艺，开发出18道主菜组成的"全羊宴"，打造"金双凤全羊宴"品牌。

问："全羊宴"获得哪些荣誉？
答："全羊宴展示"在2007年9月召开的第四届中国羊业发展大会暨首届中国羊肉美食节上获得金奖；"金双凤全羊宴"在2007年10月召开的"第二届中国苏州美食节"上荣获中国烹饪协会、江苏省经济贸易委员会、苏州市人民政府颁发的特色菜（宴）特金奖；在2007年10月召开的首届太仓双凤羊肉美食节上，荣获江苏省烹饪协会、苏州市贸易局、太仓市人民政府颁发的金奖。

问：请介绍一下"俞长盛"店号的来历及传承人的情况。
答：我祖父俞长顺及父亲俞宝观经营时的店号为"俞长顺羊作坊"。我作为"俞长盛"的第三代传承人，重开羊肉店取名时，因吴语"顺"与"盛"谐音，遂改"顺"为"盛"，意为羊肉面店生意兴旺昌盛。面店仍旧延用前店后作坊的形式，即前房经营羊肉及羊肉面，后屋内宰羊，至今已有百余年历史。20世纪90年代末，我的

双凤羊肉面　　　　　　　　　　俞桃珍烧制的羊肉面

儿子方志雄及媳妇滕国英在开发和保护上积极探索，努
力提高烹饪水平，尽力开拓推出新菜肴，改善服务态
度，使"俞长盛羊肉面店"的知名度不断扩大，声誉不
断提高，成为"俞长盛"的第四代传人。

问："俞长盛"店号何时获得注册商标？获得哪些称号？
答："俞长盛"店号于 1999 年 3 月获国家商标局注册商标。
2008 年 5 月"俞长盛羊肉面店"被评为苏州餐饮业特色
名店，2009 年 9 月获"江苏餐饮名店"称号。2009 年 9
月，经中国商业联合会中华老字号工作委员会审核，"俞
长盛羊肉面店"被批准为"中华老字号"会员单位，成
为太仓市首家获得"中华老字号"的餐饮企业。"俞长盛"
凝聚几代人的心血，来之不易。

问：请您谈谈羊肉面店的变迁？

俞桃珍

217

答：20 世纪八九十年代，面店设在双凤镇的俞氏沿街老宅内，二开间门面三进房，二三进为楼房，约 300 平方米。内设雅座、餐厅、炊事房等。每逢秋冬时节，各地食客纷至沓来，挂有太仓、苏州、上海等地牌照的各式小车停满羊肉面店前的临河街道，令老街人气旺盛。2005 年，双凤镇政府启动建设凤北路羊肉美食街工程。2007 年二期工程竣工后，我店投资 200 多万元建立新店，装潢耗资 200 多万元，由老街迁至羊肉美食街，店名横匾为"俞长盛羊肉馆"，营业面积 500 多平方米。新店舒适的环境，食客至上的服务理念，以及传统加现代的烹饪技艺，吸引了本地和慕名而来的外地食客。每年接待的食客有数万人，成为双凤羊肉餐饮行业的领头雁。

附录

1. 关于双凤羊肉食品的历史渊源

双凤镇位于太仓市西部，文化底蕴深厚，称为"双凤福地"。在这块古老的土地上，河流纵横成网，物产富饶，其水稻、水产生产具有特色，素有"鱼米之乡"之称。古镇双凤地势较高，周边隙地多，饲草丰盛，为农民养羊提供了丰富的草料资源。双凤养羊、宰羊、食羊的习俗已有数百年历史。当地农户饲养的羊种属太仓山羊，体型高大、生长迅速、繁殖力高、抗逆性强、肉质鲜美，为本地良种羊。双凤养羊、宰羊、食羊的习俗在清道光年间编纂的《双凤里志》中有记载。明弘治乙丑年（1505）进士周墨有"秋风乍过西林寺（位于双凤镇西市梢），已闻深巷羊肉香"诗句。双凤羊肉原为农家秋冬时节的健身滋补食品，也是宴请亲朋好友的美味菜肴。

2. 关于双凤羊肉面制作技艺

双凤羊肉面选用太仓本地良种山羊，宰杀后精心烹调，以红烧羊肉为浇头，原汁配汤，其味酥、肥、香、鲜、浓俱全，无腥膻气，故吸引了大量顾客。

3. 关于双凤羊肉面业的发展历程

双凤羊肉面起始于民国初，首先由居住于镇西部（凤西街）的盂阿俊利用自己的门面房开了一爿羊肉面店，店号"盂永茂"。该店因善烹肉，重熬汤，精制面，烹调的羊肉面风味独特，深受食客喜爱，故名声鹊起。因羊肉面生意兴隆，不久，同处镇西部的施阿海也开了一家羊肉面店，店号"施隆兴"。两店一直经营至 1956 年对私营工商业社会主义改造后歇业。其人员大部分转入供销社管辖的饭店或点心店。1957 年后，镇上有 5 家饭店及点心店。秋冬时节，唯有太平桥北堍的点心店经营羊肉面。20 世纪 60 年代初，因物质匮乏，无奈中止羊肉面经营。1963 年得以恢复。20 世纪 60 年代中期，调整饮食业网点，凤西街的太平桥点心店歇业，在凤中街公社驻地东侧开创中部饮食部。20 世纪 70 年代初，在凤东街中市弄西侧，开设东部饮食部。20 世纪七八十年代秋冬时节，该两家饮食部有羊肉面供应。当年，由于百姓的消费水平低下，加之要凭粮票或用大米兑换，故吃羊肉面的人不多，以本地人为主。羊源，主要来自本地的山羊。后因本地羊少，通过联系，前往苏北如皋、东台及浙江南浔等地采购山羊或湖羊。20 世纪 80 年代后期，个体私营经济发展迅猛，羊肉面店如雨后春笋遍及集镇，1988 年镇上有 10 家羊肉面店。"俞长盛"因祖上开羊作坊，有烹饪羊肉的技艺，再加上有沿街门面房等有利条件，故也开设了羊肉面店，该店继承了双凤羊肉面的传统特色。为适应消费者的口腹之欲，20 世纪 90 年代初，面店始创"全羊宴"，成为双凤羊肉面行业的领头雁。鉴于双凤老街狭小，难以承载众多的人流和车流，不利于双凤羊肉面产业的发展。为改善创业环境，

俞桃珍

双凤镇政府于 2005 年 5 月，启动建设"一品羊肉美食街"工程。2007 年 10 月，二期工程竣工，"俞长盛"、"老中和"、"孟家"等一批老字号羊肉面店率先迁入美食街，同时还吸引"新梅华"等餐饮名店入驻。2008 年 9 月，双凤镇被中国烹饪协会冠名为"中国羊肉美食之乡"。

袁小春

男，1960年生。苏州非物质文化遗产生禄斋苏式月饼制作技艺项目吴江区代表性传承人。

芦墟生禄斋苏式月饼
制作技艺传承往事

口述者：袁小春
访录整理：张舫澜　陈志强　金云林
访谈时间：2016 年 5 月 18 日
访谈地点：吴江芦墟东南街袁家

问：请您介绍一下自己的情况。
答：我出生于 1960 年 12 月，1976 年芦墟中学初中毕业，家
　　住芦墟东南街袁家弄，家里三代同堂，我父亲已 90 高
　　龄，我们夫妻俩，还有女儿、女婿。

问：您什么时候从事做糕点，特别是生禄斋苏式月饼这一
　　行的？
答：我 1976 年初中毕业后，先是待业，响应政府号召学工，

先在芦墟窑厂搬了一段时间土坯，后在芦墟中百批发部当仓库管理2年多，一直到1980年8月才被政府安排到芦墟镇糖烟酒商店（生禄斋）工作。我伯父袁金林就在该店当经理。

问：您的苏式月饼等糕点制作技艺是正式拜师学的吗？

答：我是正式拜师的。因为那个年代所有学徒都要拜师的，要办一个拜师仪式，买了蹄子等物品孝敬师父，古有"一日为师，终身为父"一说嘛！

问：那您什么时候正式拜师的？拜谁为师？

答：我是1980年进店不久后拜师的。拜生禄斋制作糕点手艺头挑的俞文斌为师，我师父先后收过三个徒弟，我是最后一个关门徒弟，也是师父最喜欢的徒弟。

问：芦墟生禄斋苏式月饼等糕点的制作技艺传承谱系是怎样的？

答：我的师爹叫陆祥生，新中国成立前就在芦墟生禄斋工作，一等大师傅，我师父俞文斌现年已92岁高龄，他12岁到芦墟生禄当学徒，性格随和，人品很好，糕点制作技艺更是一流，是店里手艺最好的大师傅，他制作的苏式月饼、酥糖、栗酥、雪饺、麻饼等传统糕点在苏浙沪附近一带远近闻名。我当初拜俞文斌为师时曾心存不甘，因为伯父袁金林是商店的经理，原以为伯父总会照顾我做轻松的工作，比如开票、站柜台等，谁知被安排到工场做学徒。我后来才理解伯父的苦心，那是伯父想让我学一门手艺。长一辈的人都有一个朴实的理念：身有一门手艺，终生吃穿不愁，何况我身在商店的前身是"家传六代，帝历八朝"的生禄斋南货店，学得了这门手艺，那是很吃香的。直至现在，我很感激伯父当初的安排，生

袁小春制作的绿豆糕

禄斋这门技艺，成了我安身立命的传家宝。如今，我将这门技艺逐步传授给了我的女儿袁婷，我女儿大学本科毕业，原来在吴江监理公司工作，她看我终日辛劳，心有不忍，同时她也喜欢糕点制作这一行，就毅然辞去工作，回家跟我一起干，从头做起，认真学艺，如今已掌握了生禄斋苏式月饼等不少传统糕点的制作技艺。我女婿姚孝健在单位工作，平时只要有空，就会来帮我忙，算是半个传人吧。我很欣慰，我这门手艺的传承终于后继有人了。

问：请您谈谈芦墟生禄斋的历史渊源。

答：清乾隆年间，芦墟人黄渭阳几次到县府考秀才都名落孙山，于是动了弃学经商的念头。黄渭阳有个表兄叫徐生官，在苏州稻香春糖果茶食作坊做工10年，心灵手巧，暗中掌握了制作糕点的技艺，可店主仍当他学徒使唤，心生不满，一次他回芦墟探亲，在黄渭阳家中诉苦，当即决定合作经商，凭手艺赚钱。他俩筹划开一爿月饼工场，自产自销兼营南北货，于是筹得纹银一千两，黄渭阳将镇中心的自家3间房屋腾了出来，把沿街刚买的一间店面作为店堂，两间内屋做工场，徐生官辞去苏州稻香春工作后，雇佣一个伙计、3个学徒，店号取生官、利禄中的两字称为"生禄斋"，一切就绪，在乾隆三十六年（1771）的八月初五，正式开张营业。自此，徐生官制作糕点十分用心，特别是苏式月饼，更是远近闻名，销量反超苏州稻香村，后店主两次想高薪聘请徐生官回店，均被徐生官拒绝。芦墟生禄斋生意越做越大。直到嘉庆末年，徐生官夫妇相继谢世，其子不肯继承父业。黄渭阳虽已年老，但为保住生禄斋的品牌，决定自己独家经营生禄斋，他将家业折成现金，算上当年筹集的资金，分给徐生官儿子一半。从此，生禄斋易名为"黄生禄斋"，由黄氏独家经营。

清咸丰年间，袁了凡九世孙袁召龄与芦墟生禄斋老板黄渭阳后裔黄宝书在上海外洋街合股开创生禄斋上海分店，柳兆薰（柳亚子曾祖）应邀主持开店仪式。民国年间，生禄斋中仍立有"汾溪第一"的青龙招牌，两边墙上挂着"家传六代、帝历八朝"和"提选南货、进京茶点"的斋匾，约有从业人员30余人。1956年，黄生禄斋与协隆、懋福和合并改名为公私合营芦墟糖烟酒商店，后改为国营。当地群众还习惯称之为"生禄斋"。20世纪90年代中期，黄生禄斋隶属芦墟国营商

大印糕饼芝麻酥

核桃云片糕

业公司，由于受到市场经济大潮的冲击，百年老字号生禄斋也未能幸免。

1993 年，我辞职离开了我为之付出青春和汗水的生禄斋。我开过涂料厂、南货店、麻将馆，但都生意平平。从我辞职到 2006 年这 10 多年时间中，一个情结始终萦绕在我心头：生禄斋传统糕点制作技艺，在我这个关门徒弟手里自此寿终正寝了吗？我心有不甘。一段时间不做糕点难免技痒，逢年过节，我总会做一些时令糕点，分送给亲朋好友。2007 年，我毅然决定，恢复生禄斋苏式月饼等传统糕点制作，自己开作坊。经过筹备，将自家临街的一间小屋辟为门市部，腾出两间内屋作为糕点作坊，于是，"芦墟袁记生禄斋"终于亮出了牌子。从此，我又制作起了生禄斋苏式月饼等传统糕点，在糕点制作上确保生禄斋传统糕点的原汁原味，同时还开发了不少糕点新品种。

问：您向师父主要学的什么糕点制作技艺？

答：我主要向我师傅学的是苏式月饼、酥糖、栗酥、雪饺、麻饼、绿豆糕等 30 多种传统糕点的制作技艺。

问：芦墟生禄斋最有名的是苏式月饼，那苏式月饼的特色是什么？

答：芦墟生禄斋制作的苏式月饼色、香、味俱全，特色是皮薄而均匀，馅甜而不腻，入口松软，回味无穷。

问：为什么称芦墟生禄斋苏式月饼为"进贡月饼"？

答：据史料记载，相传乾隆皇帝第五次下江南时，为寻访山东布政使、其时在家侍奉病母的芦墟人陆燿，到了陆燿家，陆燿备茶点款待皇帝，茶点中就有芦墟生禄斋苏式月饼，乾隆吃了一个赞不绝口，即命知县以后将此月饼进贡。生禄斋中也就立上了"关山桃枣、进京茶点"和"汾溪第一"两块黑底金字匾牌。之后，每年农历七月中旬，生禄斋都要精心制作 1000 只月饼，分装在 4 只竹笼内，上覆黄缎盖子，写上"进京茶点"的字样，装上快船运至吴江县衙，吴江知县则派专人随船陪同进京，进贡给皇帝。自此，芦墟生禄斋苏式月饼就称为"进贡月饼"了。

问：生禄斋苏式月饼是怎么制作的？

答：生禄斋苏式月饼有百果、玫瑰、椒盐、豆沙四个品种。规格分为大、中、小三种：大月饼生坯重 5.85 两，熟重 5.8 两；中月饼生坯重 1.95 两，熟重 1.9 两；小月饼生坯重 1 两，熟重 0.9 两。

月饼的馅料

苏式月饼

原材料为面粉、水、猪油、饴糖、馅料（包括胡桃肉、蜜枣、松子、瓜子肉、桂圆肉、红绿瓜、芝麻、糖橘皮、赤豆沙、玫瑰、桂花等）。旧时，因为苏州光福的花香味纯正，生禄斋的玫瑰、桂花等馅料都要从那里进货，然后晒干后用糖腌，再储藏在密封的罐里。现在使用的材料都是绿色生态的了。

制作流程如下：1. 制作油酥：和好面粉，将中间挖空，放入猪油、饴糖，搅拌搓揉均匀即成。油酥不能过硬，也不能过软，这全凭手的感觉。2. 做皮子：和好面粉，将中间挖空，放入猪油、饴糖，再倒入 90℃热水搅拌，揉搓至均匀。做好的皮子需晾五至十分钟，以散发热气。这是为了避免包酥环节中放入皮子中的油酥受热后，与皮子完全融合，体现不出油酥香而脆的口感。3. 大包酥：

将油酥一层层叠起来包入皮子中，以便分出层次，再用大擀筒摊平，相同的动作重复一次后，再卷起皮子。4.小包酥：将大包酥环节完成的半成品掐成若干小块，再分别横推一下，竖摊一下，然后卷起，做成似花卷的形状。这是为了让月饼具备千层酥的美感和口味。5.掐馅料：蒸熟的面粉放置半小时，再放入饴糖、油及不同口味的原材料并搓揉至均匀。口味不同，所需材料不同。如百果口味，需放入松子肉、瓜子肉、胡桃肉、白芝麻、桂花。6.包馅：将馅料包入小包酥的皮子中。每次包馅，手指均需蘸一下旁边放置的、称为"蘸手粉"的干面粉。为使馅料下的皮子厚薄一致，最后以三点角封口。然后将三点角朝下，把月饼放置在油纸上，以免月饼在加热时上部隆起。7.敲章：月饼制好后，用木质印章在正面中心处敲上百果、玫瑰、椒盐、豆沙的字样，以提示口味。8.烘制：旧时，是将月饼排列于由铜铁合铸、底部以阔三四寸的铁皮合围的大平锅中，用柴火烘烤。柴火由湖州山民专供，火力旺盛而持久。慢火细烤后，糖油融入皮壳，月饼表皮无半点焦斑，又口感松脆，保质期长，能放上一年而不变质。现在则是用电烤箱烘制月饼，设置烤箱温度上火235℃左右，下火285℃左右，再将包馅后的半成品油纸面朝上，装入铁盘，即可放入烤箱烘烤，时间20分钟左右，烘烤中，至少要两次打开烤箱，观察月饼烤制情况，调整铁盘的内外位置使月饼均匀受热。9.出炉：月饼变成金黄色，烘烤即告完成，可出炉了。出炉后，去掉油纸并将月饼翻身冷却。10.包装：生禄斋月饼包装简单，用纸卷，五个一卷，两卷为一扎，上面贴上一张"精美茶点"的红纸，就这样包装好了。

问：您的传统糕点制作技艺的代表作有哪些？
答：我传统糕点的代表作主要有苏式月饼、酥糖、百果糕、

袁小春

229

酥糖

绿豆糕、胡桃糕、栗酥等。

问：您现在还是家庭作坊式生产糕点吗？

答：是的。我现在还是家庭式前店后作坊的经营模式。

问：听说您在黎里古镇开了一家传统糕点店，请您介绍一下
该店的情况。

答：是的，我恢复了芦墟生禄斋招牌，尽力传承生禄斋苏式
传统糕点制作技艺，始终是我的一个梦想和追求。仿佛天
道助我，黎里现已被批准为中国历史名镇，大力发展旅
游事业，鉴于我是"非遗"传承人，经过我的努力，朋
友们的热心帮助，特别是黎里古镇有关部门的支持，2014
年11月16日，我的"袁记生禄斋"终于在黎里古镇开
业了，三楼三底的门面，临街傍河，古色古香。我还把

"袁记生禄斋"进行注册。我的梦想终于变成了现实。开业那一天，我师兄周其华也从北库赶来祝贺，他要亲眼看看生禄斋这块金字招牌在我手里重新挂起来。他说，自己20世纪70年代就在生禄斋工作，后来离开生禄斋，虽然目前也在做糕点，但生禄斋的牌子不敢打出来，却一直牵挂在心，现在师弟能重新打出生禄斋牌子，他说真是为我高兴，为我骄傲。如今，芦墟、黎里两爿店经营着我精心制作的苏式传统糕点，特别是苏式月饼等主打产品，老客户品尝后，都说又尝到了生禄斋的口味了，新客户也都赞誉满满。讲到这里，我心里颇多感慨，自己从生禄斋当学徒到现在重挂生禄斋金字招牌，走过了30多年历程，实属不易，虽然赚钱不多，却真正感觉到梦想成真的喜悦和自豪。

问：您现在主要经营哪些苏式传统糕点？
答：我现在常年经营的苏式传统糕点主要有苏式月饼、芝麻酥、绿豆燥片、花生酥、芝麻燥片、绿豆糕、胡桃糕、袜底酥、开花饼、八珍糕、芡实糕、状元糕、桂花云片糕等，季节性经营的有麦芽塌饼、酒酿饼、肉月饼等，另外专供祖传的特色火腿乳腐。

问：您的生禄斋苏式月饼等传统糕点制作技艺获得过什么荣誉？
答：生禄斋苏式月饼制作技艺，2012年列入吴江区非遗项目，2013年6月公布为苏州市非遗项目。我于2013年12月，被批准为生禄斋苏式月饼制作技艺非遗项目吴江区代表性传承人。
我制作的生禄斋百果糕，2014年10月在由吴江区旅游局、吴江日报社主办的第十二届中国吴江美食节"舌尖上的吴江"名特优美食评选中，荣获"最佳味觉"奖。

近几年，央视七套、苏州电视台、吴江电视台、吴江广播电台、《吴江日报》等各种媒体、报纸、杂志、书籍，分别对我和生禄斋苏式月饼等糕点制作技艺进行了专题采访报道。

问：“袁记生禄斋”今后的发展，您有什么计划？

答：对生禄斋的生存、发展、传承，我始终怀着一份执着和热忱，一些计划时常萦绕在我心头：一是要把生禄斋做大、做强、做精，打算将芦墟糕点作坊和门市部重新装修，扩大经营面积，净化环境，在传统苏式糕点品种方面打算恢复生禄斋一些原有糕点产品，如枇杷梗、杏仁饼等。二是拓宽拓展销售渠道，我女儿作为我的继承人，对生禄斋的发展和经营很上心，这两年她帮我开起了生禄斋糕点网店，已经有了上海、苏州等地不少回头客户。忆当年我家祖先袁召龄与黄宝书合股赴沪开办生禄斋上海分店，曾盛极一时，如今时代先进了，我们的生禄斋网店重新有了上海客，这是何等的幸事。我们打算很好地利用网络、媒体等平台，不断扩大生禄斋苏式月饼等糕点的影响，拓展销售面，扩大销售量，将生禄斋这块金字招牌更好地树起来、打出去。三是在生禄斋苏式月饼等糕点制作技艺传承方面，除了更好地将自己的技艺传授给女儿外，打算再招收 2 个对传统糕点制作技艺有浓厚兴趣的徒弟，以便将我这门技艺更好地传承下去，使生禄斋这块金字招牌经久不衰。

在发展前进的路上，肯定还会遇到困难，但不管怎样，我都会迎难而上。同时，希望有关部门在政策优惠倾斜等方面，继续给予帮助和扶持。在抢救、保护、发展、传承生禄斋苏式月饼等糕点制作技艺上共同努力，使之代代相传。

周鑫华

　　男，1963 年 3 月生。苏
州市吴江区非物质文化遗产
"吴江农民画"项目代表性
传承人，"八坼灶画"项目
代表性传承人。

农民画家的艺术人生

口述者：周鑫华

访录整理：金云林　张舫澜　陈志强

访谈时间：2016 年 4 月 18 日

访谈地点：吴江区松陵镇八坼社区周家

问：您是一位名副其实的民间艺术家，多才多艺，在农民
　　画、灶画以及佛雕等方面都取得了可喜的成绩。请您简
　　单介绍一下家庭情况。

答：我家住八坼社区黑龙村一组。家里除了我夫妻俩，还有
　　女儿、女婿。

问：您现在主要从事什么工作？

答：我现在主要从事佛像雕刻和农民画创作，创立了佛雕传
　　统技艺工作室，平时除做佛雕外，还传授 6 位徒弟的木雕

技艺。同时还做传统文化进校园——农民画等绘画艺术的传授。并创作农民画、玻璃画以及灶画。

问：您是怎么走上绘画这条艺术之路的？

答：我的启蒙老师叫吴兴江，浙江湖州双林人，20世纪60年代后期，作为"右派"到我们村里，借住在我家柴间。吴先生的画技很好，村民都请他作画。那时我只有五六岁，受他的影响，就喜欢涂鸦，画些鸡、鸭、花草、蔬果。吴先生看我对画画很有兴趣，有一定天赋，就悉心教我绘画，我逐步掌握了绘画的基本手法，自此，我的画兴渐浓，走上了绘画这条艺术之路，直到如今，从未中断过。20世纪80年代，原吴江文化馆副馆长、美协理事长、版画家马中骏老师在绘画艺术上进一步对我进行辅导，使我的绘画水平有了较大提高，从而逐步形成了我绘画的个人艺术风格。

问：请您谈一下什么时候开始从事农民画、灶画以及佛像雕刻的？

答：我最早是画灶画开始的，大约在1974年左右，我读小学五年级，已初步掌握了绘画的基本功。那年，我舅舅家造新屋，砌了新灶头，泥水匠朱菊根、丁阿福晓得我画画得好，就叫我在新灶上画灶头画，他俩教我画灶画的技巧，于是我画了武松打虎、花鸟，还在灶山上写了一副我从民间收集到的灶联：金炉不断千年火，玉盏常明万载灯。又在灶间一块很大的墙上画了壁画。这是我最早的一次"献技"。是朱菊根、丁阿福两位师傅把我引领上画灶画之路的。他俩还有意要我学泥水匠，因我不想干此行而作罢。此后朱菊根、丁阿福两位师傅凡帮人家盖新房砌新灶，大都叫我去画灶画，陆续画了两百多座灶画。灶画内容有灶君、武松打虎、龙凤呈祥、百鸟朝凤、

画家劳思等人参观周鑫华农民画个人展　　　　周鑫华在辅导学生画农民画

各类花鸟、万年青、灶联等。

我画灶画直到现在，如今民间的灶头逐渐减少，只断断续续少量画了一些灶画。2015 年，松陵江南水乡大酒店老板请我去画灶画，酒店的厨房颇有特色，砌了一排灶头。那天我从上午 9 点画到晚上 10 点半，终于完成全部灶画并落款，画得蛮成功，饭店老板很开心，请我与他合了影。还有一家松陵流虹路上的我家酸菜鱼饭店，也请我去画了灶头画。这两家酒店的灶画在文化界、商界和坊间都有较好的口碑。

我是 1986 年开始画玻璃画的。八坼有个人叫王杏明，他是画玻璃画的。一次，两人相聚聊天，我对他的玻璃画很感兴趣，就画了几年玻璃画，专门为一些结婚人家的家具、新屋装饰等画玻璃画，好看得很。

我正式创作农民画是 1988 年开始的。有一次，我与朋友屠国栋、王杏明二人聊天，他俩讲起苏州群艺馆、苏州美协要举办一个苏州农民画展，我一听说马上心动了，觉得很好，蛮有兴趣，版画家马中骏老师专门为此事找我面谈，极力鼓励我，叫我参加这次农民画展。所谓初生牛犊不怕虎，我决定大胆去试一试。那时，我还没有真正画过农民画，于是夜以继日构图酝酿，落笔严谨认真，在铅画纸上创作了农民画处女作《家乡新貌》，还创作了一幅玻璃画《云海峰顶》。参展后大大出乎我的意料，农民画《家乡新貌》获得了一个优秀奖，这是最高奖，我非常高兴。玻璃画《云海峰顶》由主办方赠送给了吴县新落成的文化馆收藏。自此，一发不可收，我的农民画创作热情被充分调动起来了，至今从未停过画笔。虽然创作农民画没有什么经济效益，但这纯粹是我的喜好，乐此不疲。

我从小就喜欢雕雕刻刻，自己动手做了一些木枪、木刀等玩具，可以说对木工手艺情有独钟，所以 1979 年我初中毕业后，就拜金海根为师学木匠，学得了木雕技艺。直到 1992 年民间信仰活动逐渐活跃，有位信徒请我雕刻刘王像（即刘猛将像），当时我有些顾虑，因为以前很长一段时间将此视为迷信，后来几位有识之士对我说，那是民间信仰，不是迷信，于是我打消了顾虑，开始雕刻了第一尊刘王像。从那时起，我正式从事佛雕，至今成为我主要的经济来源。

问：请您谈一谈农民画、灶画以及佛雕的历史渊源。

答：农民画的历史可以追溯到明清时代，那时吴地的绘画就有很高的水准，传统的文人画影响了民间的绘画。同时，庙宇等处的壁画、版画及民间的灯彩、戏曲戏衣也影响了民间绘画。还有丝织品等都有绣花，民间各种物品上山水、人物、花鸟画等大都有纸质画稿，发展到 20 世纪 50 年代逐渐形成了农民画。在全国很多地方都有农

周鑫华

周鑫华在雕刻佛像　　　　　　　　　　周鑫华绘制灶画

民画的创作，并逐渐繁荣起来。同样，我们吴江农民画也颇具地方特色。

灶画大约有500余年历史，甚至上溯年代更悠久。从前每家每户都有灶头，"民以食为天"，为祈求丰衣足食，每家的灶头上都画有以示吉祥如意的灶头画，蕴含了对美好生活的憧憬，同时也增添了生活的色彩。以前的泥水匠大多会画灶头画，但水平参差不一。吴江有不少画灶头画的巧匠，而八坼灶画则是其中的佼佼者。如今，百姓家的灶头大多被煤气灶取代，只有一些农家乐饭店、有特色的城镇酒店以及少数人家砌有灶头，画上灶头画，也算是一种乡愁的遗存和表达吧。

随着宗教信仰文化的传播和发展，唐朝时佛雕已很盛行，经过代代相传，出现了苏州香山帮和冲山等地的吴地佛雕艺术流派及其杰出代表人物，松陵佛雕则是其中一个分支，分布在八坼、芦墟等地，传承年代也十分久远。

问：请您谈谈吴江农民画、八坼灶画以及松陵佛雕的传承谱系。

答：我从1988年开始画农民画至今，这些年我收了6个学农民画的学生：女儿周纯洁，读小学时获得2001年第六届、2002年第七届全国中小学生绘画书法作品比赛绘画一等奖，读中学时获得2004年第九届中小学生绘画书法作品比赛（初中绘画）三等奖，还有周峰（侄子）、钱诗雯、王婧、徐睿、王俊杰。另外，这两年传统文化进校园，我还在八坼小学、菀坪小学授课，跟我学画农民画的有44个小学生。

我的灶画师父是老泥水匠丁阿福、朱菊根。我从1974年画第一座灶画，如今传承给周峰（侄子）、钱诗雯、王婧、徐睿4人。

我佛雕的师爹叫金富龙，师父金海根。我从1979年拜师学艺至今，近年来我收了周峰（侄子）、金九龙、周国新、金国华、顾利君5位徒弟。虽然目前我还不是佛雕的"非遗"代表性传承人（仅列入区非遗项目），但我不会让这门古老的木雕技艺在我手里失传，留下遗憾。

问：请您说说农民画的特色。

答：农民画与众不同。1.色彩：农民画的色彩主要是鲜艳。2.取材：题材乡土气息浓郁，反映农村生活、劳动、风俗一类场景，包括农村的发展变化、新风新貌。3.构图：

周鑫华

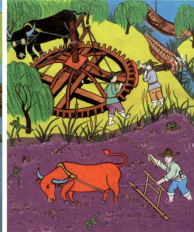

传统农活之绞担绳　　　　　　　　　　传统农活之牛车水

满构图，内容非常丰富。4.风格特色：农民画不受拘束，
没有框架，突出题材，运用夸张手法，以色块为主，有
鲜明的艺术个性，群众喜闻乐见，记录历史，贴近生
活。比如20世纪农民画中农村青年结婚场景，与现时代
就完全不同，20世纪七八十年代手摇木船娶亲，九十年
代挂机船娶亲，现在用轿车娶亲。那时陪嫁嫁妆是电视
机、自行车一类，现在有的已用轿车、银行卡陪嫁了，
从画中可以看到农村的变化。

问：请您谈谈农民画、灶画与佛雕的文化艺术价值以及经济
　　价值。

答：我在农民画创作中，描画现代农民生活富裕的场景时，脑

中时常闪现我小时候农村比较艰苦的生活，不由感叹生活的巨变，情不自禁地要用画笔去讴歌渲染现代的美好生活。于是，我创作了一幅幅传播社会正能量的农民画作品，农民群众在欣赏农民画时，不但能感受到画面的美，而且能感悟时代进步，珍惜来之不易的改革成果。这就是我画农民画所追求的理念和目的，也就是农民画经久不衰的魅力所在，是农民画的文化艺术价值。虽然目前农民画还没有形成良好的市场运作体系，因而经济效益不太高，但作为我的挚爱和追求，我乐此不疲。

灶画，以前几乎涵盖所有家庭，这是民间一种特殊的文化载体，一种特有的家庭文化。灶画内容大多以描绘民风民俗、美化生活为主，因而在民俗文化与美学上具有广泛的文化艺术价值。如今，传统的灶头越来越少，只有少数的农家乐饭店、有特色的城镇酒店以及少量家庭砌有灶头，请我作灶头画。即便如此，我还是坚持灶画的创作风格特色，坚持传播良好健康的民风民俗创作方向。

在20世纪90年代以前，不少农户都请我画灶画，我都是倒贴工夫，倒贴颜料，凭着爱好去画。如今随着燃具变革，家庭灶头减少了，但不管需求怎样，我还是要坚持将灶画画下去，这也是我一种留住乡愁的情怀。

我现在主要工作为佛像雕刻，成立了佛雕工作室。曾为八圻城隍庙、黎里城隍庙、山东海岛金山寺、嘉兴王江泾莲泗荡刘王庙、苏州盘门景区等不少寺庙、景区以及民间信士，雕刻了大量的佛像，在传播民族文化中，起到了一定作用，因而具有一定的民俗文化价值和美学艺术价值。

佛雕在寺庙和民间有较大的需求，因而具有一定的经济价值，也是我目前生活的主要经济来源。

问：请您简单谈谈农民画、灶画与佛雕的材料和工具。

周鑫华

241

答：农民画用铅画纸作画时，使用水粉颜料，用宣纸作画时，使用丙烯颜料，现已改进为在画布上作画，用丙烯颜料。因为在铅画纸、宣纸上作画不易收藏，而在画布上作画易干保管和收藏。工具用画笔。

灶画用水粉颜料。画灶画的特点是要在新灶刚完工，粉刷面潮湿时作画，可以吸色。如果在干的粉刷面上作画则用丙烯颜料。工具为画笔、画尺。

佛雕用材料为樟木、油漆、黄金漆、金箔等。工具为雕凿、锯、斧、气泵、喷枪、砂纸等。

问：您从事的民间艺术是多门类的，请您谈谈从事这些民间艺术以来，一共创作了多少作品？

答：我大致估算了一下，我从艺以来创作了农民画 40 多幅，灶画 200 多座，玻璃画 30 多幅，佛像雕刻 2000 多尊。

问：您上述创作的门类中，有多少代表作？

答：农民画代表作：《家乡新貌》、《龙舟竞渡》、《我爱我家》、《情系太湖》、《夕阳书香》、《农家灶》。

灶画代表作：《灶君》、《连年有余》、《花鸟》、《万年青》、灶联：金炉不断千年火，玉盏常明万载灯。

佛雕代表作：如来佛、观音、财神、关公、刘猛将及苏州美术馆收藏的苏州古城人物微缩雕塑。

问：您创作的农民画中，有哪些作品参加过哪些画展？

答：我创作的农民画《家乡新貌》参加 1988 年苏州市首届农民艺术节，《新房》参加 1991 年江苏省第二届农民画展，《我爱我家》参加 1999 年江苏省第二届农民画大赛，《龙舟竞渡》入展 2008 年文化部、江苏省人民政府主办的"纪念改革开放三十周年中国农民画画展"，《情系太湖》参加 2010 年首届中国农民艺术节"中国农民画精品展"，《夕

新房

周鑫华

243

阳书香》2013年参展第三届江苏农民读书节书香农家书画大赛，《农家灶》2014年参展首届中国（苏州）民间艺术博览会。

问：您多门类创作的作品，付出了不少心血和辛劳，请问您获得过哪些荣誉？

答：我创作的农民画《家乡新貌》获1988年苏州农民画展优秀奖（最高奖），《新房》获1991年江苏省第二届农民画展二等奖，《我爱我家》获1999年江苏省第二届农民画大赛铜奖，《龙舟竞渡》获2008年中国农民画展民博会铜奖，《夕阳书香》获第三届江苏农民读书节书香农家书画大赛绘画类一等奖，《农家灶》获首届中国（苏州）民间艺术博览会金奖，《情系太湖》被江苏省文化馆收藏。

2013年，日本大阪大学生代表团来吴江体验农村生活，我的微雕作品《家乡的小河》由有关部门作为礼品赠送。

新闻媒体《苏州日报》、《姑苏晚报》、苏州电视台、《吴江日报》、吴江电视台等对我多次进行了采访报道。我的画作在《2008年中国农民画画展作品集》、《苏州市对外文化交流推荐项目》、《苏州杂志》、《吴江风物》、《松陵风物》、《吴江日报》、《吴江文化》等画册、刊物上都有专题介绍。

我现为江苏省工艺美术协会会员、江苏省农民书画研究会会员、江苏省美术家协会会员、苏州市工艺美术学会会员、苏州市美术家协会会员、苏州市民间文艺家协会会员。

目前，我为"非遗"项目"吴江农民画"吴江区代表性传承人、"八坼灶画"吴江区代表性传承人。同时，吴江农民画、八坼灶画、松陵佛雕均已列入吴江区"非遗"项目。

我爱我家　　　　　　　　　　　　　农家灶

问：请您谈一谈今后的创作计划和工作打算。

答：近年来，我在家里成立了吴江农民画工作室，将农民画
　　创作作为毕生的追求，虽然在创作上取得了一些成绩，
　　但我没有满足，所谓"业精于勤而疏于懒"，我要继续刻
　　苦学习，勤画多画，争取创作出更多更好的农民画。

　　为了不断扩大吴江农民画的影响，让更多的人欣赏了解
　　吴江农民画，将吴江农民画逐渐推向市场，我曾和黎里
　　古镇有关部门接触过，计划在黎里古镇创立一个吴江农
　　民画工作室，希望政府有关部门给予关注和扶持，以促
　　成这一好事。

　　灶画方面，我有两个设想。一个设想是用木材精心制作一

周鑫华

只传统的可以组装的灶头，今后参展民博会。随着时代变迁，传统的老式灶头越来越少，面临"断层"的困境。为了留住这个中国千百年来特有的历史记忆，留住乡愁，我另一个设想是在我自家院子的空地上搭造一间种类齐全的传统厨房灶头陈列室（包括厨房用具），有一眼灶、二眼灶、三眼灶、方灶、圆灶、花篮墩灶等，着眼长远看，也许若干年后，这可能会成为吴江旅游的一个特殊景点。但这个计划的实施，需要一笔较大的资金。

在农民画、灶画的传承上，除了带好专门拜我学艺的学生外，还要继续依托传统文化进校园这个平台，将这两项"非遗"项目更好地传承下去。

朱龙祥

　　男，1955 年 11 月生，苏
州人。中国烹饪大师，中式烹
调高级技师，苏州市非物质
文化遗产苏帮菜制作技艺项
目代表性传承人。

苏帮菜的传承与发展

口述者：朱龙祥
访录整理：潘君明
访谈时间：2016 年 7 月 17 日
访谈地点：太监弄新聚丰菜馆

问：听说您学烧苏帮菜是从母亲那里开始的，请您谈谈家庭
　　情况。

答：我外公苏郁香曾在上海做厨师，母亲受外公的影响，做
　　得一手好菜，点心也做得呱呱叫，街坊邻居都称赞她是
　　"厨娘"。母亲今年已 95 岁高龄，隔壁乡邻还经常来请
　　教她如何烧菜。

　　　我兄妹 5 人，我是老五，从小跟母亲在厨房里转，母亲
　　烧好了菜，我总要先尝一口。我记得 12 岁那年，母亲将
　　刚刚烧好的酱汁肉搛一块给我吃，我说："好吃，真好

吃。"母亲说："要想多吃,长大了学会自己去烧。"母亲的这句话,深深地印在我的脑子里。我想,要是自己学会了烧菜,那多好。由此,我对烧菜产生了兴趣,我从事厨师这个行业,与母亲的熏陶有一定的关系。

问:您是如何走上学艺道路的?

答:1972 年,我初中毕业。这一年,苏州市饮食服务公司恢复烹饪技术培训班,招收烹饪学员。我听到这个消息,心里十分高兴,很想去报名,母亲非常支持我。这样,我就进了烹饪技术培训班。后来我知道,苏州烹饪学校是全国最早开办的烹饪学校之一,后来改名为苏州市商业技工学校。培训班设在太监弄苏州菜馆(今得月楼店址)内,模式为前店后校,在店内实习烧菜,在店后设课堂,学校邀请了著名的苏帮厨师,轮流给学生授课。

问:那您的师父很多,主要有那几位老师?

答:是的,我的老师很多,凡是给我上课的,都称为老师。但其中有几位老师教得我最多,也最实在。一位是刘祥发老师,他是松鹤楼的炉灶师傅。他教我 8 个字,即"炸、溜、爆、炒、炖、焖、煨、焐",在 8 个字上下功夫,才能做出好菜。一位是刘学家,他是松鹤楼的全能师傅。他教我刀坯、浆搭、冷盆、热炒等基本功。苏帮名菜"松鼠鳜鱼"、"白汁圆菜"、"黄焖河鳗"等,是他精心教我的。再一位是孙灿善,他是松鹤楼的炉灶师傅,他教我干货涨发,包括技术窍门、实践经验,如油发蹄筋、鱼肚,水发海参、鱼翅等。他们都是苏帮菜的名师,悉心教我,使我获益匪浅。

问:您在学习中遇到过困难吗?有何感想与体会?

答:学习烧菜是非常艰苦的,一是比较脏,无论素菜荤菜,

朱龙祥

碧螺虾仁

都要拣与洗，尤其是鸡、鸭、鱼、鳖之类，要斩杀，去毛除鳞，很脏，也很费工夫。二是时间长，做中餐，从上午 10 时半始至下午 2 时，做晚餐，从下午 5 时始至晚上 9 时。工作时间长，休息时间少，人感到很吃力，但我热爱这门技术，为了学到技术，只得自己克服。我自己懂得，要学会一门手艺，不吃点苦头是不行的。再有，学习要认真，一点都不能马虎。师父在做菜，站在旁边仔细观察，做好师父的下手，看好师父的一招一式，默记于心。那时，老师对学生管得紧，很严格，稍有失误，就要训斥。我清晰地记得，有一次，我不小心弄错了调料，头上挨了刘师父一铁勺。这个教训十分深刻，这使我体会到，调料关系到菜的味道，一点也不能马虎，否则菜是烧不好的。

问：学业完成以后，在哪里工作？一直从事这个行业吗？

答：学校毕业后，一直从事烹饪工作，曾在苏州萃华园菜馆、园外楼饭店、新聚丰菜馆工作，历任经理、副总经理、总经理等职。我从事这个行业，屈指算来，已有40多个年头了。

问：做好一道菜，关键是什么呢？

答：做好一道菜，看起来很简单，但有许多讲究，关键有以下几点：一是刀工。刀工是厨师的基本功，刀工的好坏，关系到菜的形象，甚至关系到口感。二是浆搭。将有关调料与食料按压，使食材粘住不走味，俗称"穿衣服"。例如虾仁、鱼片都要浆搭。三是火候。任何一只菜，其酥硬、味道均与火候有关。四是汤水。行话说，唱戏的腔，厨师的汤，做菜先要学会吊汤。菜的鲜美，与汤水有很大的关系。使用高汤，不能多也不能少，要恰到好处。五是勾芡。将食料包好，不使味道走失。六是造型。菜放入盆内，形状很重要，要整齐清洁，使食客感到美感。尤其是造型菜，更需讲究，要符合造型的要求。好的造型，如诗似画，赛过一件艺术品。

问：哪几道苏帮菜是您的代表作品？

答：有这么几道。一道是"糟溜塘鱼片"。塘鱼片，即塘鳢鱼片。将整条鱼去头去骨去尾，成片，滤清水分，用蛋清、生粉、少许盐，浆搭得恰到好处。烧锅加油，热至六成左右时放入鱼片溜之，用漏勺捞出。炒锅留2克油置火上，放入糟油、蒜泥、高汤，勾芡后出锅装盘。此菜的特点是糟香扑鼻，色泽洁白，卤汁紧裹，鱼片鲜嫩。一道是"樱桃肉"。取五花猪肉，每块一斤四两至一斤半，20块一起烧，加红曲粉、桂皮、茴香。关键是火候，肉放入冷水中，肉皮朝上，用旺火烧沸，焖至肉刚熟取出洗净，锅内肉汤吊清。锅中放竹垫，加入肉汤，放入葱结、姜片、绍酒、精盐、冰糖、红曲水，用旺火烧沸上色。盖锅盖用小火焖，约3小时，至肉酥烂，再用旺火加冰糖续烧，收汁。起锅时，抽掉肋骨，放在盘中央，皮朝上，切成小方块，浇上原卤汁。其特点是色如樱红，形似樱桃，故名。入口香肥酥烂，油而不腻，甜中带咸。还有"红烧整塘"、"雪花蟹斗"、"母油船鸭"也是我的代表作品。

问：**"母油船鸭"，这"船鸭"是什么意思？**

答：**"船鸭"是指太湖活鸭。旧时，一些骚人墨客、有钱人去太湖边渔船上用餐，渔家用太湖鸭做菜，名叫"母油船鸭"，要用文火焐2小时，急火不行，汤清肉酥，其味特别鲜美。后来传到岸上，进入酒店菜馆，因其从太湖渔船上传来，故而得名"船鸭"。**

问：**听说建筑大师贝聿铭来到苏州，专门叫您去掌勺，尝过您做的苏帮菜？**

答：**是的。那是在2004年，贝聿铭回到苏州老家，他想吃家乡菜（即苏帮菜）。他去过多家饭店，没有吃出苏州菜的味道。后来，他听说我会做苏州菜，特地邀请我到他家的祠堂（吴门人家菜馆）去给他做菜。我给他做了"油爆虾"、"熏青鱼"、"酱鸭"、"兰花茭白"、"素火腿"三荤二素的冷盆，主题菜有"清溜大玉"、"蟹粉鱼肚"、"樱桃肉"、"香菇菜心"、"明月塘片"、"锅塌干**

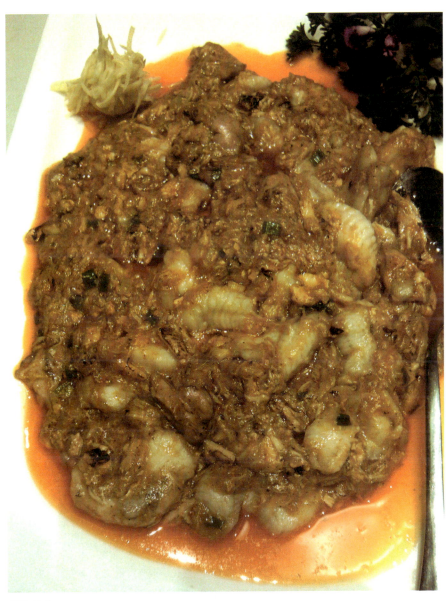

蟹粉塘片

贝"等几款苏州经典菜，尤其是那块"樱桃肉"，吊起了贝老的胃口，他高兴地说："好吃，那才是我小时候吃的苏州味道。"此后，贝老回到苏州，总叫我去给他做菜。

问：做哪种菜最为费劲，最费工夫？

答：做肉圆、鱼圆之类，最为难弄。苏帮菜中有"莼菜鱼圆汤"，就要做鱼圆。一般用大白鱼做鱼圆，鱼需在 8 斤以上，买回来后，斩杀洗净，去皮去骨，刮成鱼茸。为保证鱼茸纯洁、干净，要在砧板上垫一张肉皮，鱼茸在肉皮上刮，防上砧板上的粒屑渗入鱼茸。然后加水搅成浆，做成鱼圆，放在温水内汆，起锅后加入高汤，放入莼菜，烧熟后上桌。这样做的鱼圆，细腻软滑，入口如绵，非常好吃。

问：听说您在驻外大使馆做过菜？

答：是的。那是 1998 年 12 月，由外交部公派我去利比亚大使馆烧菜，去了 2 年。有一次，使馆邀请欧洲八国大使吃苏州菜。我接受任务后，思想上做了充分准备，这不仅是展示我们苏帮菜的特色，也是展示我们中国菜的特色，让外国人尝尝中国菜的味道，了解中国人的饮食水平。当时，我做了一席名为"百花争艳"的菜。用 8 只冷盆（8，谐音为"百"），用各种荤素食材做成八种花卉形状，有菊花、荷花、梅花、兰花、月季花、石榴花、水仙花、蟹爪兰等，为体现苏州特色，中间用蛋糕叠成留园的冠云峰形状。整个桌面上呈现百花齐放、云峰高耸的景象，好似一幅美丽的图画。当欧洲八国大使入座后，望着台上的菜肴，个个都惊呆了，他们不约而同地"哇"的一声，个个称赞叫好。他们坐在桌边，不敢动筷，生怕将一幅图画弄坏了，大家拿出相机，对着菜肴不停地照相。在我国大使一再催促下，大家才开始动筷就餐。当天，大使们很高兴，一下子喝掉了4瓶茅台。临别时，大使还送我2瓶茅台，以表谢意。

问：做苏帮菜，食材很讲究吗？

答：是的。要做好一只菜，食材应是第一位的。举个例子来说，苏帮菜中有个"五件子"，即用鸡、鸭、蹄膀、火腿、鸽蛋五样食材做成一大菜。每样食材都有一个要求：鸡鸭要用三年半的老母鸡、老母鸭，蹄膀要后蹄、新鲜，火腿要五年头的，鸽蛋要新鲜。用这样的食材做成"五件子"，其汤、其味、其肉都是呱呱叫的，吃起来才叫入味。

问：调料也同样重要吗？

答：同样重要。调料用得多与少，直接关系到菜的滋味。咸了，客人不想吃，淡了，吃了没味道。任何调料都要恰到好处，不能多也不能少。至于怎么用，用多少，完全靠自己的基本功。在一些书的菜谱上，往往写上盐用几克，糖用几克。在烧菜时不可能去秤，要是去秤，锅内早烧焦了。只有用手去抓，抓多少，手上有数，这要靠平时的锻炼。过去，肉店里卖肉有"一刀准"，我们烧菜师傅在用盐、用糖等调料时，手指是"秤"，抓多少是多少，这叫"一抓准"。有了这个功夫，烧菜就很自由了。

问：苏帮菜历史悠久，已有2000年以上的历史。您在继承传统的基础上，有什么创新？

答：有的。我认为，苏帮菜的传统要继承，这是我们苏州的特色，苏州人爱吃的口味，不能丢。但在继承传统的同时，应该可以创新。我曾经尝试过一次，获得了

松鼠鳜鱼

成功。苏帮菜有一只传统名菜叫"松鼠鳜鱼",形状美观,滋味鲜美,大家爱吃。这是一只造型菜,用鳜鱼做成松鼠形状,故名。我想,古人做菜能造型,我们也可以仿效。在"松鼠鳜鱼"上,我受到启发,我做了一只"祥龙鳜鱼",用鳜鱼做成龙身,身上切棱形花刀,形如龙鳞,用生姜做龙角,粉丝做龙须,桂圆做龙眼。民间有"龙戏明珠"的传说,用黄萝卜做明珠,放在龙头之前。这样,一条活灵活现的龙就出现了。我的名字叫龙祥,这菜叫"祥龙鳜鱼",有吉祥之意。这个菜推出后,受到大众欢迎。客人在举办婚宴、寿宴时,大多要点这个菜,成为一只新的品牌菜。此外,传统名菜要继承。旧时有"三虾宴",即"清炒三虾"、"三虾豆腐"、"三虾两面黄"合为一席,这也是名菜,因为太麻烦,太费工夫,现在无人做了。我则每年举办一次,不使这一名菜断档,今后还将继续下去。

问:您除了做菜,做点心也有一手。做点心是向谁学的呢?
答:在行业中有"红案"、"白案"之称,"红案"指烧菜,"白案"指点心。"红案"与"白案"相比,"白案"较为简单省事。所以,行业中有些人看不起"白案",有"重红轻白"的现象。但我认为,"红白"两案同样重要。既然当了烧菜师傅,"红白"两案应当都会,做到"全能"。而且,点心是苏州人的风味小吃,花色品种很多,一年四季不相同,老少爱吃。因此,我很想学做点心。

问:您的点心师父是谁呢?
答:我的点心师傅有两个,一个是屈群根,一个是周桂生。屈群根也是我的启蒙老师,他教会我许多点心的做法,有紧酵馒头、苏式船点、苏式油面、眉毛酥等。可以

朱龙祥

257

说，苏式点心我是都会做的。周桂生教会我做"枣泥拉糕"。枣泥拉糕是苏州冬春季的风味小吃，也是我做点心的代表作。做糕的关键是原料配比，粳米粉和糯米粉二者三七开，枣泥米粉为二分之一。先将红枣蒸烂，取出后去皮去核，碾成枣泥。将枣泥、枣汤、干豆沙、白糖及猪油倒入锅中溶化，离火稍凉，将米粉倒入盆中拌匀，加水和匀。水分一定要适中，太硬太烂都不行。再加入猪油丁，和匀后摊于抹过熟猪油的瓷盘内，上撒松子仁，上笼用旺火蒸 45 分钟，至筷触不粘出锅，冷却后切成菱形块，即可食用。吃糕时，用筷挑起，拉开，故名。其特点是未吃拉糕，先闻糕香。细腻软糯，甜肥润滑，入口不黏。

问：您既会做菜，又会做点心，可以称为"全能"了吧。

答：从传统观念上来说，是这样的。

问：您参加过哪些比赛，获得过哪些奖项？

答：参加过多次比赛，多次获奖。主要有：1993 年第三届全国烹饪大赛，我参赛的作品是"芙蓉三丝鱼翅"、"祥龙鳜鱼"，这两款菜摘得热菜金牌奖。1999 年我担任苏州烹饪代表队队长，率队参加第四届全国烹饪大赛，精选苏州本地特色原料，突出苏州烹饪精细雅的工艺，巧妙构思，制作了富有江南水乡文化底蕴的"碧波仙子"主题宴，赢得全场喝彩，评委们高度评价，荣获大赛团体金牌奖。

问：您在全国得过奖，有哪些技术职称呢？

答：主要有"中国烹饪大师"、"全国餐饮业会评委"（以上由中国烹饪协会发证）、"一级、高级技师"（由国家人力资源和社会保障部发证）、"国家职业技能竞赛裁判员"等。

问：您收过徒弟吗？他们的情况如何？

答：收过多个徒弟。他们学成以后，大都从事这个行业，在自己的努力下，经过职称评定，大都已成为特级厨师。有的在名菜馆担任厨师长、总厨师长，有的担任菜馆董事长、行政总经理，有的自己开设酒楼、菜馆，专做苏帮菜，生意非常红火，有的还被邀请去日本、新加坡等国传播苏帮菜技艺，受到国外同行的欢迎。应当说，他们是苏帮菜的接班人，正在为传播苏帮菜做出自己的贡献。

问：您对苏帮菜有哪些看法和建议？

答：苏帮菜是吴文化的一部分，是我国菜系中的一支，很有地方特色。直至现在，苏州人，包括来苏州的外地人都喜欢吃苏帮菜。但从目前来看，有些菜馆为了迎合外地人的口味，在苏帮菜中加进了麻、辣、酸之类的调味，失去了苏帮菜的味道。我认为，要保持苏帮菜的特色，味道是第一位的。失去了味道，就不是苏帮菜了。苏帮菜的特色，一是要随季而变，吃时令食品；二是要保持食材新鲜；三是要保持原汁原味，一菜一味。苏帮菜中有许多是养生菜，对身体有益，如不符合上述三条，也就失去了养生菜的意义。

问：那么，苏帮菜能否发展、创新呢？

答：苏帮菜是传统名菜，在继承传统上可以发展、创新。我认为可以从三个方面着手：一是口味。在提倡养生、保健身体、多吃水果对人体有益的情况下，可将水果入菜，既丰富营养，又调节口味。二是色彩。过去，苏帮菜大都是一菜一色，现在可用多种食材搭配，食材的色彩是很丰富的，搭配后的菜肴，色彩鲜艳，亮丽动人，增进食

朱龙祥

259

欲。三是器皿。随着时代的前进，器皿也在发展，盛菜
的器皿也要更新，依据菜的特色，配上相应的器皿，使
苏帮菜更显出一种精细、雅致、整洁、美观。四是造型。
从深层次上讲，"松鼠鳜鱼"是造型菜，古代可以造型，
现在也可以造型，可以随着社会的发展，食客的要求，
做出新的造型菜，以丰富我们的苏帮菜。

问：如何将苏帮菜传承下去，您有哪些想法？
答：传承苏帮菜是一个老话题，大家都在讲如何传承下去。
我认为，政府有关部门要重视，要组织人员着手整理苏
帮菜的历史典籍，公开出版，使更多的人了解苏帮菜。
有些行家建议开辟一个苏帮菜博物馆，我也十分赞成，
这是一个方面。再一方面，餐饮业要重视苏帮菜的发展
与创新，既要烧好苏帮菜，更要培养接班人，一些苏帮
菜的老师傅，特别是一些名菜馆的老师傅，要收徒弟，
教技术，传经验，让苏帮菜一代一代地传承下去，发扬
光大。

图书在版编目（CIP）数据

口述非遗. 第三卷 / 苏州市政协文史委员会编. —
苏州：古吴轩出版社，2016. 12
ISBN 978-7-5546-0851-7

Ⅰ. ①口… Ⅱ. ①苏… Ⅲ. ①文化遗产—介绍—苏州
②民间艺人—生平事迹—苏州 Ⅳ. ①K295.33 ②K825.7

中国版本图书馆CIP数据核字（2016）第311343号

责任编辑：陆月星
见习编辑：仇晨晨
责任校对：韩　珏
装帧设计：周　丹

书　　名：口述非遗（第三卷）
编　　者：苏州市政协文史委员会
出版发行：古吴轩出版社
　　　　　地址：苏州市十梓街458号　　　　邮编：215006
　　　　　Http://www.guwuxuancbs.com　E-mail:gwxcbs@126.com
　　　　　电话：0512-65233679　　　　　传真：0512-65220750
出 版 人：钱经纬
印　　刷：苏州市越洋印刷有限公司
开　　本：700×1000　1 / 16
印　　张：16.75
版　　次：2016年12月第1版　第1次印刷
书　　号：ISBN 978-7-5546-0851-7
定　　价：66.00元

如有印装质量问题，请与印刷厂联系。0512-68180628